孩子这样学习更高效

**HAIZI ZHEYANG XUEXI
GENG GAOXIAO**

李小妃　著

中国出版集团
研究出版社

图书在版编目 (CIP) 数据

孩子这样学习更高效 / 李小妃著 . -- 北京 : 研究
出版社 , 2022.11
　　ISBN 978-7-5199-1373-1

　　Ⅰ . ①孩… Ⅱ . ①李… Ⅲ . ①中小学生—学习方法
Ⅳ . ① G632.46

中国版本图书馆 CIP 数据核字 (2022) 第 203744 号

出 品 人 : 赵卜慧
出版统筹 : 张高里　丁　波
责任编辑 : 寇颖丹

孩子这样学习更高效

HAIZI ZHEYANG XUEXI GENG GAOXIAO

李小妃　著

研究出版社 出版发行
（100006　北京市东城区灯市口大街 100 号华腾商务楼）
北京一鑫印务有限责任公司　新华书店经销
2022 年 11 月第 1 版　2022 年 11 月第 1 次印刷
开本 : 720 毫米 ×1020 毫米　1/16　印张 : 9
字数 : 125 千字
ISBN 978-7-5199-1373-1　定价 : 59.80 元
电话（010）64217619　64217612（发行部）

每一个孩子都是
潜在的优等生

孩子学习很差，怎么办？他／她还有希望吗？

孩子每天学到 12 点，他／她已经很努力了，为什么学习成绩提不上去呢？

孩子注意力不集中，写作业爱磨蹭，有什么方法让他／她改变吗？

孩子不会自主学习，推一步才走一步，他／她还能成为优等生吗？

现在，你或许还在为孩子的学习问题担忧，期盼孩子能够改变现在的学习状态，快点提高学习成绩。有时也会出现这样的疑问：明明孩子很努力地学习了，也做了相当多的题，可为什么成绩总是提不上去呢？

也有学生问我，为什么班里的"学霸"从来不去补习班，回家也没熬夜学习，看起来毫不费力就考了第一名？他是怎么做到的？

我恰好接触过一位"学霸"，他是什么样子的呢？他不是戴着眼镜只会学习和读书的书呆子，也不会为了学习挑灯夜读到很晚。相反，他总是将精力放在看似与学习无关的事上，比如，经常"浪费时间"给同学讲题，助人为乐；精力充沛，热爱打球；常看课外书，写文章给报社投稿；总是乐观向上，心态平和，情绪稳定……

实际上这些看似与学习成绩无关的事情恰恰是他成为"学霸"的原因。给同学讲题是对费曼学习法的实践，酷爱打球则是在劳逸结合，给报社投稿是尊重兴趣爱好，而心态和情绪对学习的影响也很大。一言以蔽之，"学霸"之所以成为"学霸"，是因为他们用对了学习方法。

用错了学习方法，学得再多也没用，那些努力和付出只是感动了自己，对提高成绩毫无作用。优等生也不是天赋异禀，他们是用对了学习方法，掌握了更好的提分技巧。

正如法国的物理学家保罗·朗之万曾说过："方法得当与否往往会主宰整个读书过程，它能将你托到成功的彼岸，也能将你拉入失败的深谷。"

掌握了高效的学习方法，孩子就等于拿到了优等生阵营的入场券。

"学霸"并没有"学习好基因"，他们不是毫不费力，而是精准学习，用对了学习方法。每个学习好的学生都有提高分数的秘籍，有自己的学习习惯、学习技巧。而这些学习妙招在本质上是一样的，我们可以通过抽丝剥茧，归纳总结出适合孩子学习的高效方法。

本文总结了"学霸"高效学习的方法，从学习方法、学习习惯、时间管理、自主学习、学习心态、情绪管理等方面分别阐述更好的学习技巧。如果你的孩子学习成绩不好，课堂表现不佳，注意力不集中，写作业拖延，看起来很努力，学习效率很低……那么你可以通过这本书改变孩子当下的学习状况，了解高效的学习方法，知道费曼学习法和番茄学习法的魅力，懂得怎么培养孩子良好的学习习惯，如何调节孩子的考试焦虑心理，怎样从时间管理、情绪、心态等方面来提高孩子的学习效率。

我相信，只要掌握了更高效的学习方法，每一个孩子都有成为优等生的潜力！

现在，开始转变思维，找到适合自己的学习方法吧！

李小妃

2022 年 8 月 15 日

目录

第1章
掌握高效
学习的方法

黄金听课法和神奇的课堂笔记

有人把老师在课堂上讲课的内容称作"教学黄金"，课堂上的 45 分钟就是珍贵的"黄金时间"。在一个班级里，有的学生上课认真听讲，牢牢抓住课堂上的黄金时间，紧跟老师的讲课节奏，记录老师的讲课内容；而有的学生不认真听讲，总是溜号，也不做课堂笔记。结果显而易见，认真听讲的学生成绩在班级名列前茅，上课不认真听讲的学生则很难及格。

有的学生不服气，他们认为课后复习也能弥补。然而事实上，课上溜号一分钟，课后花费一小时也不能产生同样的效果。课堂上的每一分钟都很重要。

我曾经和很多高考成绩超过 600 分的同学沟通高效的学习方法。他们一致认为，要想提高学习成绩、高效地学习，其中一个很重要的方法就是认真听课，珍惜课堂上的宝贵时间。当然，这个结论适用于绝大多数学生。也有一部分智商高的学生上课不听课，学习成绩也很不错。但不可否认，这一小部分高智商"学霸"也少不了自学的环节。

对于绝大多数学生来说，上课认真听讲就是行之有效的学习方法。那么，认真听讲要注意什么呢？我们要如何让孩子意识到上课认真听讲很重要呢？下面我们来看一个实例。

小溪很聪明，从上小学开始学习成绩就很好。老师经常夸她学习用功，上课认真听讲，积极和老师进行互动。最近，她迷上了"凯叔讲故事"，在手机上听名著故事，也主动要求妈妈给她买小学生能看懂的《红楼梦》。她将书带去学校，利用课间时间翻看，有时看得入迷，当老师开始讲课时都没有反应过来，思绪还沉浸在课外书里。

渐渐地，小溪在上课时开始走神儿，一会儿想着书里的内容，一会儿和同桌小声说话，没有按照老师的要求听课和做题。起先她认为没有关系，上课没有听到的内容，利用课后的时间补回来就可以。可后来她发现，有些学习内容看不懂，学习成绩也开始下滑。

终于，小溪在一次考试中成绩下滑严重，她很难过，对妈妈说："妈妈，我上课只是走神儿了十几分钟，课后我也认真看书学习了，为什么还是学不好呢？"

妈妈也从老师那儿了解了小溪在课堂上的表现，她说："小溪，你知道什么是黄金听课法吗？"

小溪摇摇头，问："妈妈，什么是黄金听课法啊？"

妈妈说："你可能还不能理解为什么老师和妈妈都要求你上课认真听讲。你刚才也说了，上课没有认真听讲的内容，课后虽然可以花费几倍的时间去学，但效果却很不一样。其实，老师上课时讲的内容和书本上是完全不一样的，书本是枯燥的，老师讲课的内容是对课本的高度总结，会讲出重点和难点，会用高效的方法加深你的记忆，引导你深入理解书本上的知识点。所以，老师在课堂上的这45分钟就是黄金时间，利用好课堂上的时间，就是黄金听课法。"

小溪想了想，又问："妈妈，那怎样才算是认真听讲呢？"

妈妈说："认真听讲，简单来说就是跟上老师的思路，按照老师的要求去做。老师在讲知识点时要认真听，老师在课堂上会留给你思考和记忆的时间。老师在提问时，要积极回应，多和老师互动。最后，老师在课堂上布置的题也要认真做，这是检验自己是否已听懂老师讲课内容的重要方法。如果有不懂的地方，可以重点听老师的解题思路，标记上难点，课后再去攻破。"

小溪点点头，她听明白了，从书包里拿出课外书，说："妈妈，我再也不看课外书了，你帮我收起来吧。"

妈妈笑着拍拍小溪的头，说："课外书你可以继续看，但是要注意看书的时间。在学校的学习时间很短暂，你要学的东西有很多。你如果喜欢课外书，可以放学回家写完作业后看，或者周末妈妈带你去图书馆看。"

小溪点点头，笑着说好。

从小溪的例子可以看出上课认真听讲的重要性。抓好课堂上的黄金时间，这样学习效果更好。下面我们总结一下上课认真听讲要注意什么。

第一，做好课前准备工作。

上课前要准备好本节课需要的课本、练习册和相关的学习用具。提前将课堂所需要的物品准备齐全，节省时间，提高上课效率。比如，提前将数学需要用到的直尺和草稿纸准备好，放在书桌上，这样就可以节省翻找时间。

第二，紧跟老师的讲课节奏，多和老师做互动。

上课时跟着老师的上课步骤，一步一步完成。老师讲课时认真听讲，默读时认真读课本，提问时积极地去互动，认真完成老师在课堂上布置的练习题。

第三，加深课堂记忆，做好课堂笔记。

写课堂笔记可以提高学习效率，加深对知识点的记忆。在课堂上，老师做的板书很重要，板书通常将书本上的知识点串联起来，同时标明了老师讲课的重点内容。做好课堂笔记，对于课后复习也有重要作用。

"好记性不如烂笔头"这句话说得很对，学生在学到新知识后需要反复加强记忆。上课的 45 分钟，认真听讲的学生能够记下课堂内容的 80%，如果不复习，48 小时后再测试，学生对知识点的记忆就只剩下 10% 了。因此，课堂笔记的记录就发挥作用了。学生在课后可以通过课堂笔记进行复习，巩固新学到的知识，看到自己记录的课堂笔记，也可以回忆起老师上课强调的内容。

那么，记录课堂笔记时需要注意哪些问题呢？

首先，记笔记不要过分专注，以免影响听课效果。

有些孩子为了记课堂笔记往往忽视了老师讲课的内容，记完一句后，漏了很多老师讲课的要点。如果孩子写字慢，可以让他们精简记录，写几个老师强调的地方，或者等课后借同学的笔记，利用下课时间抄写老师的板书。

其次，明确课堂笔记记录的目的，不能盲目记录。

让学生真正了解课堂笔记的作用，注重归纳总结，梳理知识点。有些学生记录课堂笔记完全是为了完成老师和家长交代的任务，把记笔记当成硬性指标。家长和老师要引导孩子主动记录课堂笔记，可以让孩子按照自己的思路记录，家长加以引导，给他们提建议，帮助孩子一点点积累记笔记的方法。

最后，记录课堂笔记也是需要小窍门的，比如：要将知识点归纳整理后写出来，将难点和重点用不同颜色的笔记录，用重点符号标记；将疑点记录下来，下课后重点攻破，可以请教老师，和同学讨论或咨询家长；课堂上记笔记可以以点带面，节约记笔记的课堂时间，课后找时间扩充，将略写的知识点补充完整。

黄金听课法和记录课堂笔记是行之有效的学习方法。好的学习方法真的很重要，用对了方法，学习效率也会提高。我们都渴望孩子成为学生中的佼佼者，想要他们使用高效的方法提高学习成绩。认真听课就是适合绝大多数学生的高效学习方法。

课上一分钟，胜过课后一小时。从现在开始，引导孩子充分利用课堂上的宝贵时间吧！跟着老师的节奏高效学习新知识！

科学的复习方法让知识体系更完整

《论语·为政》中说道："温故而知新，可以为师矣。"翻译过来就是温习旧知识，可以从中获得新的体会和见解。由此可见，高效学习除了要上课认真听讲，课后的复习同样必不可少。单纯地依靠上课的 45 分钟来记忆是不够的，学生课后还需要抽出时间去巩固、加深记忆。

德国的心理学家艾宾浩斯（Ebbinghaus）经研究发现，人类大脑对新事物的遗忘是有规律可循的。他发现，人们在学习后会立即开始遗忘，而且遗忘的进程并不是匀速的。最初遗忘的速度很快，刚过 20 分钟就会遗忘超过一半的记忆量。8 小时后，记忆量就只剩下 35.8%，而 6 天后就只剩下 25.4%。图 1 就是著名的艾宾浩斯遗忘曲线。

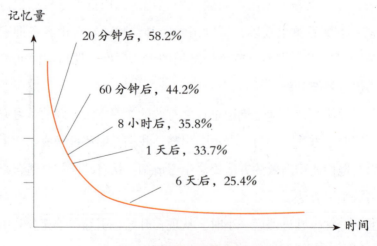

图 1　艾宾浩斯遗忘曲线

既然人的遗忘是有规律的，那我们就应该利用艾宾浩斯遗忘曲线来掌握遗忘的规律，按照自己的情况制订复习计划。孩子在学习新知识后，要引导他们及时复习，对已学到的知识进行巩固，加深记忆。我相信，只要复习得当，就会赶上遗忘速度，将知识真正变成自己的。

现在让我们一起走近小学生辰辰，看看他是如何复习的吧！

辰辰暑假后就要上小学五年级了，暑假里他想多玩几天，可是妈妈不同意，她认为上小学五年级后就需要加倍努力，要早一些和初中接轨，提前适应初中的学习节奏，所以替辰辰做了"一揽子"暑假复习计划，并告诉他，要认真复习，不可懈怠。

于是，辰辰对暑假的美好憧憬被扼杀在摇篮里了，他很不开心，气鼓鼓地翻开书本复习。他的身体虽然还坐在小书桌旁，可思绪早就神游到游乐场去了。

就这样，一个星期过去了，辰辰在"身在曹营心在汉"的复习过程中，苦不堪言，妈妈还在"儿子用功复习"的假象当中。一天晚上，妈妈拿来几张试卷对他说："辰辰，今天晚上先不复习了，你把这套卷子做一下。这上面的内容都是你这几天复习过的，妈妈要检验一下你复习的成果，做完卷子，妈妈还要考你英语单词。"

辰辰一听，吓傻了，但是他不敢说，只好低着头闷闷地做题。这次测验的结果可想而知，惨不忍睹。妈妈看着辰辰，有些生气地问："你这几天都是怎么复习的？为什么这么简单的题都不会？"

辰辰一听，顿时觉得很委屈，他哭着对妈妈说："妈妈，你不是答应放暑假要带我去广州长隆玩吗？为什么食言了？妈妈，你给我制订的复习计划我很讨厌，我不想复习，我想出去玩！"

妈妈没想到辰辰会对复习这样反感，看来这些天他所谓的努力复习其实是装模作样，课本知识一点都没有看进去。她帮辰辰擦了擦眼泪，说："没有按照约定好的带你去长隆游乐场玩是妈妈的错，妈妈现在向你道歉。可是妈妈督促你复习，也是为了你好啊！"

辰辰摇摇头说："不是为了我好，我不好。课本上的知识我都会了，我不想复习，我每次上课都很认真地听老师讲课，都学会了。"

妈妈打开手机，搜到了艾宾浩斯遗忘曲线，指给辰辰看，并给他讲了记忆遗忘规律，最后问他："你看，如果你一直不复习，最后留在脑袋里的知识就只剩下很少了。就像今天，你原本会背的单词，现在不会拼写了，是不是？"

辰辰红着双眼点点头，虽然他心里赞同妈妈说的话，但他不想承认。

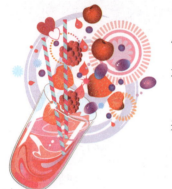

妈妈这时又跟他说："辰辰，以后有什么事情一定要和妈妈沟通，你不说出来，妈妈怎么知道你心里想什么呢？这次暑假长隆咱们是去不了了，但是妈妈可以带你去海洋馆，我们去看海豚表演，好不好？"

辰辰脸上又出现了笑容，他点点头，说好。

妈妈又接着说："虽然暑假是给学生放假，你可以玩，但也不能一直玩，还是需要抽出时间学习的。你既然不喜欢妈妈制订的复习计划，那你和妈妈一起讨论一下该怎么复习，你把你心里的想法说出来，好不好？"

这时，辰辰的心情彻底变好了，他朝着妈妈用力地点了点头，说："好，我要和妈妈一起订计划！"

我们可以从上述案例中得到一个结论，复习也是需要科学有效的方法的，高效复习可以节省孩子的时间，让知识体系更加清晰和完善。下面，我们总结出几点经验分享给大家。

经验一，制订复习计划，计划要详细，可行性强。

根据艾宾浩斯遗忘曲线制订复习计划，按照学习知识的先后有顺序地进行复习，比如：充分利用课后时间，系统地复习当天学习的课程；归纳总结课堂笔记，抄写老师课上讲的重点，着重复习难点和疑点。如果在复习的过程中遇到不明白的知识点或习题，记得标记下来，第二天抽时间问老师或同学。

经验二，定期复习学过的知识，反复复习加深记忆，积累知识点。

复习不是一蹴而就的，是要反复践行的。学到的知识点在不断地被遗忘，只有反复记忆，增加复习时间，知识点才能被真正掌握。

经验三，知识点要多学多用，在实践中将知识为我所用，真正掌握所学的内容。

比如，学习语文时，将读过的好词好句摘抄下来，定期诵读，积累词汇量，模仿好文章的语言表达技巧。积累到一定程度时，我们可以学以致用，用新学到的词汇造句、写文章。再比如，学习英语时，多背诵英语单词和一些单词的固定搭配，定期复习，当英语词汇量积累到一定程度时可以在生活中进行英语口语练习，这样不仅可以锻炼口语，还可以加深自己学习英语的记忆，将学到的单词和句子应用到实践中去，记忆更深刻。

经验四，复习不是感动自己，也不是给别人看的，要用心复习，用心哪怕一分钟，也好过"作秀"一小时。

有的孩子复习是被老师和家长逼迫的，他们没有从根本上意识到复习的重要性，只是为了完成任务而复习，这样不仅浪费时间，还不会产生效果。

经验五，复习要有针对性，梳理知识点，抓住重点和难点。

做题的同时要回归课本，将课本上的知识点分类，如语文课本中的生字、词语、理解段落、背诵默写、写作，英语课本中的单词、对话、背诵段落、英语作文等。在复习的同时梳理知识点，做到分类学习。

复习，可以说是帮助学生检验所学知识的一个重要环节。在复习的过程中，学生可以积累知识点加深记忆，还可以找到自己的不足，了解自己的薄弱点，有针对性地学习。小学阶段的孩子尤其要养成科学复习的好习惯，从小积累复习经验，为中考和高考的考前复习做准备。

有效预习的三个方法

有的家长或许存在这样的疑惑，同样的课堂教学，为什么有的学生的课堂接受能力强，有的接受能力弱呢？除去智商方面的先天优势，我们只对比后天的努力程度，那些在课堂上配合老师、跟老师互动多的学生，大多是对新知识做过预习的。而没做过预习的学生，他们在课堂上的反应要稍微慢一些，对老师提出的问题要多一些时间思考。可以说，预习做得好，课堂表现会更佳。

古语有云："凡事预则立，不预则废。"预习是小学生缩小学习差距的重要方法，同时，预习也可以培养孩子自主学习的习惯。学生要从小培养自主学习能力，家长需要给孩子积极的引导。

但是，在引导孩子预习的过程中还需要注意不要进入"预习"的误区。有些家长认为预习会耽误孩子的复习时间，影响课堂上的听课效果，孩子提前学了新知识，等老师讲课时就会思想溜号，不认真听讲，认为自己都学过了。这其实就是陷入了"预习"与"提前学"的误区。或许我举一个例子，各位家长更容易理解。

晓敏自女儿出生后就有了轻微的焦虑症，关于女儿的所有事她都亲力亲为，凡事打好提前量，预先替孩子将要做的事情考虑周全。无论是挑选幼儿园，上早教班，还是购买学区房等，她都奔走在第一线。在孩子上幼小衔接班时，听到同班学生的家长提起提前学习小学课程的事情，她很赞同。因为他们一致认为小学生的知识接受能力相对来说弱一些，要将小学一年级的课程学完，提前做好预习工作，这样可以让孩子早点接触新知识，适应小学生的学习节奏。

于是，晓敏专程给女儿思思找了老师讲小学一年级的课程。提前学习了新课程的思思在上一年级时果然表现不错，上课的表现和学习成绩都很好，经常受到老师的表扬。从那以后，她就一直找老师给孩子超前上课，帮孩子预习新课本，学习新知识。可到了三年级，事情不一样了。

班主任老师找到晓敏，说思思上课不认真听讲，老师布置的课堂作业也不做，还说："这些东西我都学过了，不想做题。"

接下来，班主任老师和晓敏进行了深度沟通，老师说："其实我是提倡让学生自主预习的，提前将老师要讲的内容预习一遍，带着问题上课，这样的听课效果更好，学生也更积极。但提前找老师教课本上的内容就不提倡了，毕竟，小学生的自律能力是逐渐提高的。思思目前的情况就是对学过的知识失去了兴趣。老师讲课的方法大同小异，孩子没有兴趣听，反而会影响成绩。"

晓敏恍然大悟，点点头说："原来是这样，可思思前两年表现得都很出色，现在让她自己预习，她怎么知道怎么做呢？"

老师笑着说："这就需要家长提供一些帮助了。你可以先让孩子自己预习一段时间，让她将一节课的所有内容看一遍，再画上自己认为重要的知识点。一步一步，慢慢来培养她的预习能力，等她适应了自己预习后，再教给她预习的小窍门，比如，准备个习题本，将看不懂的内容记录下来，上课时着重听老师讲课，如果还不懂，就抽时间单独问老师。这样预习才会有效果，上课听课的积极性也高。"

晓敏这才真的明白了，她点点头，说："原来我将预习理解错了，要让孩子主动去预习，这样她才能保持对新知识的好奇，学习自然会有劲头。谢谢老师，我回去试试。"

通过案例我们可以看出，"预习"的主体应该是学生本身，预习主要强调的是"自主"。自主预习，将孩子的预习交到孩子手中，家长不要过度干预，更不可提前找好学习班进行超前学习。

自主预习和超前学习有着本质上的区别。自主预习时，学生可以主动吸收新知识，一边阅读一边思考，然后将不懂的地方标注出来，等第二天上课时，他们就会带着问题去听老师讲课。而超前学习，也就是提前将课本的知识学习一遍，学生相当于坐在课堂上听讲，老师在讲新知识时，他们是被动"预习"，是提前学习新知识。等他们真正上课时，必然就失去对新知识的渴望，开始注意力不集中了。

因此，我们在引导孩子培养预习的习惯时也要讲究方式方法，让孩子在快乐中预习，自主学习。现在，我跟各位家长分享三种有效的预习方法，大家可以根据孩子的实际情况适当调整。

第一，预习要循序渐进，从"放手"让孩子主动预习到家长"恰当干预"，让孩子养成适合自己的预习的习惯。

小学生在刚开始着手预习新课本时难免会不知如何去做。没有关系，各位家长不要着急，要给孩子一些学习和适应的机会。先做到"放手"，将预习这件事完全交给孩子，让他们自己决定何时预习、怎么预习。这个阶段最重要的是不要让孩子对预习产生逆反心理，要让孩子爱上自主预习，在学习预习期间，将主动权交给孩子，让他们感受到自由。

一段时间后家长要与孩子交流，鼓励孩子说出预习的感想，总结一下自己的预习方法是否有用。

最后，家长就需要发挥主观能动性啦！要对孩子的预习进行"恰到好处"的干预。向孩子分享自己预习的经验，告诉他们一些预习的方法。分享完经验后，再让孩子主动去做，去验证父母的预习方法。当然，每经过一段时间都要和孩子沟通和交流，互相分享心得。

第二，自主预习要注意的三点要素。

（1）阅读课本上的文字，整理知识点，梳理出知识线，将课本内容串联起来。可以模仿老师上课时的板书，将知识点写出来，比如预习英语时，可以将单词和其常用的搭配总结出来，在句子中背单词效果会更好，通过对话或段落把单词和语法串联起来记忆。刚开始归纳知识点时可能会很慢，当你足够熟悉这门学科，多思考和模仿老师的板书后，这项工作就不难了。

（2）找出重点和难点，圈出不理解的内容，标出疑点。预习时也可以使用课堂笔记，在课堂笔记的上半部分写下预习的内容，引导孩子将他们认为的重点和难点记录下来，有不明白的地方着重标记，等第二天上课时注意听老师的讲解，课后再写出自己的见解。等课堂笔记做出来后，可以让孩子将课堂笔记和预习笔记做一个比较，多思考，慢慢地，孩子的预习能力一定会提高。

（3）着重看书上的案例分析和解题过程，将想不明白的地方标记下来，整理在练习本上。做题的环节必不可少，这是检验预习效果的有效途径。

第三，注意预习的时间，合理规划课后的学习时间。

家长要引导孩子合理安排放学后的时间，让孩子养成一个高效的学习习惯。一般来说，可以让孩子先复习，再写作业，写完作业后再预习，根据每个孩子的实际情况进行时间调整。

引导孩子科学合理地预习，孩子会对学习产生主观的动力，学习能力也会逐渐提高。

其实，看到这里，我们就已经掌握了高效学习的重要方法了，即课前预习，上课认真听讲，课后定期复习。这三点做得好、做得精，孩子的学习成绩自然提高得快。当然，每个孩子的认知能力和学习水平不一样，对知识点的掌握程度也不一样，同样的方法用在不同的孩子身上也会产生不同的效果。

我们作为家长需要做的就是坚持和相信——坚持科学的学习方法，相信孩子会越来越好。

高效的费曼学习法

对于小学生来说，学习新知识很重要，如何将所学到的知识进行巩固和记忆同样重要。无论是学习新知识，还是巩固旧知识，都需要找到适合自己的方式和方法。

现在，越来越多的人运用费曼学习法来掌握知识点，小学生学习不仅需要知识的输入，知识的输出也必不可少。很多家长和学生认为给别人讲题是一件浪费时间的事情。其实，这个过程也是在学习，可以通过讲题来查验孩子对知识点的掌握程度，从而有针对性地复习和巩固。下面，我们来一起了解一下什么是费曼学习法。

诺贝尔物理学奖获得者理查德·费曼有着自己独特的教学方式，深受学生喜爱。他授课效果好，学生能够高效地掌握新知识。在授课时，无论多么晦涩难懂的知识点，他都能风趣地用生活中的实例将其讲出来，令学生记忆深刻。渐渐地，人们纷纷应用这种学习方法，也就是我们现在常说的"费曼学习法"。

费曼学习法可以概括为概念（Concept）、教授（Teach）、回顾（Review）和简化（Simplify）。费曼学习法的主旨内容是：当你学习新知识时，必须要有将知识传授给他人的意识，要用最简洁的语言将知识点讲给其他人听，然后再对已掌握的知识进行回顾，达到真正掌握知识的目的。

小学生在学习时可以运用费曼学习法来巩固所学的新知识，检验和反思自己在掌握新知识时遇到的问题。下面，我们通过一个实例来了解费曼学习法的实施步骤。

　　刚上小学六年级的晓晗最近有些苦恼，她的同桌总是频繁地打扰她学习，一会儿问她老师上课讲过的知识点，一会儿拿出一道题让她帮忙讲解。遇到会的题目她会抽时间给同桌讲，但当遇到不会的题时，她什么都讲不出来，就会很不开心。回到家后，晓晗将这件事告诉了妈妈，还对妈妈说："我同桌真讨厌，今天她又来问我一道题，刚好是我不会的，同学们都看到了，好丢脸。我要换同桌，我再也不想和她坐一起了。"

　　妈妈笑着对晓晗说："哦，原来是这样，妈妈知道为什么你的数学成绩越来越好了，原来是你同桌的功劳啊！"

　　晓晗一听，皱起眉头，有些诧异地问："妈妈，这跟我同桌有什么关系啊？她总是耽误我的学习时间。"

　　妈妈跟她分享了一下自己当年学习的经验，说："妈妈上学的时候也有很多同学在课间休息或上自习课时问我题，起初我也觉得很苦恼，觉得浪费了自己的时间。后来老师对我说，给别人讲题，向同学分享自己的解题过程也是复习的一种方式，这样不仅可以巩固知识，还可以查缺补漏，了解自己没有学扎实的部分。"

　　晓晗若有所思地点点头，问："妈妈，那我应该继续给我同桌讲题吗？"

　　妈妈点点头说："当然，其实这种学习方法是费曼学习法，你用自己的语言将学会的东西讲给其他人听，在讲题的过程中了解自己的不足，更好

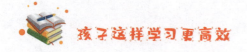

地吸收学到的知识。给你同桌讲题，不仅可以帮到你同桌，还可以帮自己巩固知识，为什么不继续做呢？”

晓晗点点头说：“好，以后我要更努力地听讲，认真听课，课后有同学来问，我会好好给他们讲，再也不会觉得这是浪费时间了！”

妈妈赞许地说：“好孩子，就这么做！”

通过上述案例我们可以总结出小学生使用费曼学习法的步骤。

第一，认真听讲，掌握所学的新知识。

孩子要充分利用上课的宝贵时间，认真听老师讲课。可以给自己定一个小目标，比如，听懂老师上课传授的新知识。当老师讲完后，孩子可以简单复述一遍，加深记忆。

第二，以教代学，将知识输入转化为知识输出。

可以让孩子利用下课或空闲时间巩固学到的知识，当同学询问时，用自己的语言将知识点讲给他们，这样做可以检验自己对知识的掌握程度。

第三，回顾知识和反省问题。

在给他人讲题或复述知识点的时候，孩子会对自己新学知识的掌握情况有一定的了解，对不理解或存在疑义的知识进行梳理，可以重新回顾和反思。当自己将问题弄明白后，还可以给同学再讲一次。不要担心丢脸，学习新知识的过程本来就很漫长，需要我们反复学习和巩固。

第四，实现知识的简化和吸收。

孩子需要对已学的知识点进行整理，有针对性地简化，实现知识的真正吸收，将来应用到实际中去，达到高效学习的目的。

学生使用费曼学习法可以更高效地掌握所学到的知识，将自己所学到的讲给别人听，这也是巩固知识的一种方法。我们要引导孩子学习和应用这种学习方法，将知识从输入转化为输出，真正理解知识点，加深对新知识的记忆。

目标学习法给孩子的启示

学习好比大海行舟，每一个学生都徜徉在知识的海洋里，他们努力学习，不断地前进。高效的学习方法就是摇桨，切合实际的学习目标就是远方的灯塔，给他们指明前行的方向。

提起学习目标，这里就要引入"目标学习法"了。美国心理学家、教育学家本杰明·布鲁姆（Benjamin Bloom）倡导目标学习法，他认为，只要有最佳的教学，给学生足够的时间，绝大多数学生都能取得优异的成绩。

他还提出，学生高效地学好一门学科与他积极的情感特征息息相关。积极的情感特征是指对学习有浓厚的兴趣，能积极主动地学习。绝大多数积极学习的学生心中有明确的目标，用目标指引方向。

明确了学习目标，学生在学习时就会动力十足，目标可以提高学生对学习的注意力和学习主动性。一言以蔽之，学生会为了完成目标而好好学习。

那么，一个合格的目标应该具备哪些条件呢？怎样制订一个适合学生的学习目标呢？现在我们来看一个实例。

娜娜是一个聪明懂事的女孩，从小她的妈妈就用"神奇的小目标"来鼓励她完成一些生活中的小事，妈妈给她设立的目标都很小，有些很有意思，她很愿意去完成。比如，每天吃三种水果，每顿饭都需要补充蔬菜，每天晚上要跟奶奶聊天至少5分钟，每周日的下午参加家庭小聚会……她很喜欢妈妈给她设立的目标，一直都完成得很好。有时，她也会给妈妈设立目标，并且和妈妈分享心得。

到了小学，妈妈开始引导娜娜制订学习目标。让娜娜先从简单的学习目标做起，比如每周将学过的生字和单词复习一遍，并且要妈妈检验目标的完成情况；每天抽出半小时的时间进行户外运动，可以跑步，也可以玩跳绳，只要她感兴趣，妈妈都支持。

等娜娜再大一些时，她已经对如何制订有效的学习目标有了自己的见解，可以自主制订学习目标了。等到五年级时，她第一次为自己制订了一个小升初的学习目标：小升初考试各科成绩达到95分以上。为了完成这个终极目标，她还制订了各科提高学习成绩的小目标，她对妈妈说："只要这些小目标都完成了，大目标就有希望啦！"

对于小学生来说，想要独立制订一个适合自己的学习目标是有些难度的。娜娜也是在制订过许多难以实现的目标后才懂得什么样的目标才是适合自己的。妈妈对她说："目标要具体，切实可行，还要有时间的限制。目标不要抽象，可以用数量和分数来设置目标完成的标准。"

妈妈在和娜娜沟通时，很注重孩子自己的想法，经常引导她独立思考，反省自己目标的完成情况，并定期根据实际情况做出调整，跟妈妈分享经验。妈妈认为，目标的执行者是孩子，那就要让孩子参与到目标的制订当中，这样孩子会更容易接受，也会主动去做。

由此我们可以看出，学生在制订学习目标时也要遵循 SMART 原则（S=Specific，M=Measurable，A=Attainable，R=Relevant，T=Time-bound），下面我们来分开说明这几个字母代表的意思及其应用方法。

（1）Specific 是指具体的。学习目标的制订应该明确、具体，要用具体的语言表述出明确的学习目标。

举个例子，妈妈帮孩子制订了一个学习目标，即"提高学习能力，增强学习效率"，这个"能力"和"效率"就不够具体，孩子不明白要达到什么样的标准才算能力强、效率高。我们可以试着将这个目标具体化，细分到每个学科，如"熟读各单元的课文"或"能够用所学的英语单词造句"。

（2）Measurable 代表可衡量的。制订的目标不可模糊不清，不要泛指。目标应该是可以衡量的，可以用分数衡量，也可以用掌握的单词数量来衡量。

比如"期末考试取得优异的成绩"这个目标就难以衡量，让人不知道如何界定"优异"。各科考多少分才算优异呢？我们不妨将这个目标改得量化些：语文和英语成绩达到 95 分以上，数学成绩达到 90 分以上。

（3）Attainable 指能够达到的。目标的制订不宜过高，太高了孩子达不到，反而没有动力；也不能太低，很容易就完成。好的目标应该像体育场上的篮球筐一样，跳一跳就能够得着，让孩子对这个目标充满希望和自信。

比如，给一个成绩中等的孩子制订一个"期末考试每一科的成绩都达到 95 分以上"的目标，这个目标就太大。而"各科考试的成绩都及格"这个目标又太低，没有意义。不如改成"期末考试每一科的成绩都提高 10 分"，孩子只要用心复习，努力学习就可以够得着。

（4）Relevant 是指相关的。目标之间是有关联的，如果制订的学习目标和其他目标毫无关联，那么单独完成它也失去了意义。

举个例子，孩子马上要去参加作文比赛，而妈妈却给孩子制订了一个每天背诵 20 个英语单词的目标。这个目标从眼前看是没有意义的，还会耽误孩子提高语文写作水平。目标需要根据孩子的实际情况做出调整，这时，应该将目标设为"每天读一篇优秀作文，记录作文中的好词好句"。

（5）Time-bound 是指目标是有时限的，要给目标设定一个截止日期。通过日期的设定，孩子会更好地规划时间，孩子会有时间观念，在约定好的时间完成目标。

我们在引导孩子用 SMART 原则制订学习目标时也要因人制宜，要符合孩子的学习习惯和性格特点。在制订目标时，也要尊重孩子的想法，让孩子主动思考如何制订一个适合自己的目标，同时也要符合高效学习的目的。

目标是漫漫学习路上的指路明灯。提高孩子的学习效率，就从制订适合他们的学习目标开始吧！

如何培养孩子的记忆力

掌握新知识包含"学习"和"记忆"两个步骤。学生在课堂上学会的知识，如果记不住，那等于什么都没学到。只有记在大脑里的知识才是真正被掌握的，可以学以致用的。

记忆力也可以通过科学的方法来训练，让我们一起来看看这位家长是如何培养孩子的记忆能力的吧！

唐颖是一位企业高管，做事干脆利落，执行力很强，在教育孩子上也很有心得。她认为孩子要掌握高效的学习方法，学习才能事半功倍，达到预期的效果。除了学习方法，孩子的记忆力也需要锻炼，要将学到的知识记在心里，印在脑海里，真正吸收成自己的知识。记忆训练要从小开始，让孩子从小养成良好的记忆习惯。

因此，她给儿子小涛制订了记忆力训练计划，分为三个部分。一是充分利用记忆的黄金时间晨读，或是给他播放英语对话，或是让他背诵古诗，睡前看优秀作文素材。二是整理课堂笔记，她认为"好记性不如烂笔头"，于是督促小涛默写课文，将课堂笔记上的重点知识反复练习，加强记忆。三是教给他几个高效记忆的方法，如重复记忆法、联想记忆法等。

唐颖的方法本身没有问题，但应用在小涛身上时就出现了各种各样的问题。小涛有"早起困难症"，如果睡不够，心情就很不好，虽然他在妈妈面前很努力地读课文，可一句也读不进去，只是机械地重复课本上的内容，读完后，他一个字都记不下来，反而头很疼。慢慢地，他开始觉得自己睡眠不足，在课堂上打瞌睡，注意力不集中，跟不上老师讲课的节奏，总是打哈欠。

班主任老师找到了唐颖，对她说："你需要关注一下小涛的作息时间。他上课没精神，总说睡不够，这种状态需要尽快调整，上课的时间很宝贵，错过了，课后再用功也不行。"

唐颖对此表示很疑惑，她对老师说："我特意咨询了公司几个985院校毕业的员工，那些加强记忆力的做法都是有成功案例的，尤其是晨读，大家都极力推荐，为什么用在小涛身上却没有效果呢？"

班主任老师回答说："其实让孩子记东西不必拘泥于固定的时间，重要的是要他们主动去学。教会他们一些快速记忆的方法，然后让他们自己安排时间去练习，坚持下来一定会有进步的。你也不能将孩子管得太紧，一定要劳逸结合，让孩子保证充足的睡眠，要知道，睡眠不足是影响记忆力的。"

唐颖点点头，认为老师说得很有道理，她开始反思自己的教育方法，下定决心改正不足的地方。从学校回家后，她主动引导孩子说出自己的想法，将晨读改成了睡前阅读。

对于小学生而言，家长在提高孩子记忆力的同时也要关注他们的身心健康。我认为，提高小学生的记忆力可以从两个方面入手。一是给孩子提升记忆力营造良好的氛围和环境，二是找到适合孩子提高记忆力的方法。

小学生的意志力和专注力需要不断加强。他们学习和记忆都需要家长给予一个恰到好处的外在环境，它包括以下四个方面。

（1）减少电子产品的外在干扰。

随着电子产品的普及，小学生接触电子游戏、短视频的机会逐年增加，电子产品对孩子学习的影响很大。举个例子，当孩子在房间学习时，爸爸在客厅玩游戏，妈妈在看电视剧，爷爷奶奶在刷短视频，试问，这样孩子能注意力集中地写作业吗？能安心地背题吗？答案自然是不能。即使这些电子产品没有发出任何声音，孩子还是会好奇，会心痒难耐。

因此，家长一定要减少孩子接触电子产品的机会，不在孩子身边玩手机游戏，不在孩子面前刷短视频。与孩子在一起时，可以和他们一起做运动锻炼身体，带他们去大自然探索，和他们交流身边的趣事。电子产品的干扰减少了，再去引导孩子提高记忆力，这样更有效率。

（2）保证孩子饮食均衡，健康的身体是提升记忆力的关键。

家长要注意孩子的饮食搭配，要营养均衡，让孩子多吃一些有益于大脑开发的食物，比如核桃、芝麻、牛奶、鱼肉、大豆。

（3）充足的睡眠也必不可少，不可为了学习牺牲睡眠时间。

小学生要保证每天 10 小时的睡眠。家长要关注孩子的睡眠质量。有些孩子为了学习牺牲睡眠时间，长期得不到良好的休息，作息时间紊乱，时间一长便会出现负面影响，注意力不集中，精神状态不好。有了充足的睡眠，也要勤加锻炼身体，促进大脑血液循环，这有利于增强记忆力。

（4）从逼迫记忆调整为主动记忆，这样效果更佳。

我们都知道，当行为主体处于被动状态时，行动力会变差。如果学生被老师和家长"逼迫"去学习、去记忆，那么他们的学习动力一定会不足。反之，如果学生主动记忆，他们成为记忆的推动方，那么必定干劲儿十足，学习效果会更好。

记忆的外在氛围营造得当，孩子也能从主观上接受记忆训练了，我们就可以跟孩子分享一些有效的提升记忆力的方法了。每一个孩子对知识的接

受程度不一样，他们的记忆习惯也大相径庭，提升孩子的记忆力也需要因人制宜，让孩子选择最适合自己的记忆方法。

下面，我们来一起看看有哪些方法可以高效地提升孩子的记忆力。

（1）目标记忆法。

记忆训练需要一个明确的目标。背单词或背课文不是漫无目的地去做，而是需要给孩子一个记忆的目标，让他们为了实现目标而努力。比如，在规定的时间内完

成记忆训练，10分钟背诵5个单词，并且会用这5个单词造句。15分钟背诵一首古诗，并且会默写出来。训练孩子在限定的时间内记住目标内容，增强快速记忆的能力。

（2）关联和理解记忆法。

知识点之间是有关联的，要慢慢让孩子学会理顺知识点，连点成线，再编织成知识网，在"网"中记忆比在"点"中记忆更好。比如，背诵单词，下一步就是用单词造句，然后写英语作文。要让孩子明白，在句子里或文章里背单词效率更高，因为在文章里我们更能理解单词的意思。再比如，数学公式要在习题中记忆，将枯燥的公式搬到习题里，会加深孩子对公式的理解和记忆。

（3）定期复习，重复记忆法。

艾宾浩斯遗忘曲线告诉我们人的遗忘是有周期的，学习后要定期复习，通过反复记忆将知识点彻底记住。

（4）时间记忆法。

利用好记忆的黄金时间和掌握珍贵的碎片时间。清晨6—7点，上午8—10点，傍晚18—20点，以及睡前一小时为记忆的黄金时间，我们可以根据孩子的实际情况让他们抓住关键时间提高记忆力。此外，也可利用碎片时间提高记忆力，比如在保证安全的前提下，坐地铁时看书或背诗，吃饭等位时阅读。

（5）分类记忆法。

分类记忆就是要对记忆的内容进行分析，将知识点归类整理，找到其中的规律性，然后根据规律来记忆。比如，一个单元里有许多单词，我们可以将这些单词按照食物、动物、物品、植物等类型整理好，记忆时就会比较轻松了。

适合孩子的学习方法才更高效

关于小学生的教育各位家长可谓众说纷纭，也都在摸索中前行。大家想找到高效的学习方法给孩子的学习保驾护航，想为孩子多做一些事情。其实，"学霸"们总结出来的高效学习方法大同小异，归纳总结起来就是"十二字箴言"：课前预习，认真听讲，课后复习。这几个字说来简单，实际操作起来却会产生千差万别的结果。家长在引导孩子执行高效的学习方法时也会有不同的侧重点。比如，有人强调"监督式"学习，像一架直升机盘旋在孩子上空督促他们学习；有人崇尚"无为而治"，将学习这件事交到孩子手中，给他们足够的信任和自由；也有人直接复制和模仿"学霸"们的学习方法，"学霸"熬夜，他们就挑灯夜读，"学霸"晨读，他们也闻鸡起舞。

毫无疑问，"学霸"们的学习方法是高效的，但高效的不一定是最好的，而最好的一定是适合的。我们要找到的就是最适合自己孩子的学习方法。

我接触过很多对孩子的学习没有"主心骨"的家长，他们似乎有些执着，四处搜罗高效的学习方法，只要听到好学生分享出来一种学习方法，他们就立即让自己的孩子试一试。采用这种学习方法后，如果孩子的学习成绩有所提升，他们就会认为这个方法很有效，要积极推广。反之，当孩子成绩没有提高时，他们则会认为孩子不认真，没有好好学。而事实上，孩子的确认真学了，学习方法本身也没有问题，可孩子的成绩依旧没有提升。

原因就在前文中提到的"适合"二字上。学习方法很好，但不适合，也不会产生良好的效果。下面我们来看一则案例，看看这位家长是如何找到适合孩子的学习方法的。

小区邻居芳姐是一个很关注孩子学习成绩的家长，从女儿小瑜上小学开始，她就积极跟学校的老师及学生家长探讨孩子的教育问题，如果有高效的学习方法，她一定会及时应用在孩子身上。

这一次，芳姐和班里一个总是得满分的孩子的家长聊天，那位家长和她分享学习经验："我家孩子的学习完全离不开我的督促，他自控力差，写作业总溜号，必须得看着学，多做题，做得多了才知道哪里有不足。没想到效果很好，这次考试又得了满分。小学生年龄太小了，还不会学习，我们要多监督他们学，养成好的学习习惯就好了。"

芳姐认为很有道理，回去就开始落实，监督小瑜学习。她变成"直升机式"妈妈，无论小瑜是否需要，她都一直"盘旋"在她身边，督促她学习，并且给她安排了题海战术，多做题，巩固知识。没想到，过了一段时间，小瑜开始反抗，每次写作业时会把房间门反锁不让她进来，也变得不爱说话，不跟她分享在学校的趣事了。

芳姐很奇怪，于是在与我沟通时说出了自己的困惑。我对她说："适合孩子自身的学习方法才是高效的，我们要复制的也是这样的方法。小瑜本身是一个很自律的女孩，她会主动写作业，预习新课程，完全不用你督促。现在你这样做，反而会让孩子产生逆反心理，她心里不舒服，当然会把房间门反锁了。"

芳姐点点头说："哦，就像上次提高记忆力的方法就很适合小瑜，所以她成绩提高得很快。"

我也点点头，说："是，找到适合孩子的学习方法很重要。其他孩子分享的高效学习方法是最适合他们的，我们不能确认这种学习方法是不是也适用于我们的孩子。所以，对于那些高效学习方法，我们需要多尝试，然后留下最适合的。"

我们作为家长要帮助孩子找到最适合自己的学习方法。适合，契合度才高，这样的学习方法才会产生高效的结果。

那么，我们要如何引导孩子找到适合自己的学习方法呢？

首先，学生学习要虚心，向优秀的同学请教，互相分享学习经验和心得。

我们可以引导孩子主动跟同学们交流学习方法和经验，学习要虚怀若谷，虚心地向同学学习，请教高效的学习方法。让孩子主动去问，去吸收他人的学习经验，效果会更佳。

其次，在学习中不断完善和更正自己的学习方法，找到最符合自己学习习惯的方法。

举个例子，如果一个孩子一直是靠死记硬背来记忆新知识，每次记忆都要耗费很长时间，背单词只是单纯地背单词，没有应用在文章和口语里，虽然这个方法很笨，但效果很好，这个孩子的分数也会很高。有一天，这个孩子从同学那听来几个高效的记忆方法，有归类记忆和理解记忆，他听完恍然大悟，深觉这个记忆方法更高效，节省时间，于是自己开始尝试，慢慢成为自己常规的学习方法之一。这个过程就是更新和完善自己的学习方法了，孩子会在不断地学习中吸收更好的学习方法，提高自己的成绩。

最后，家长要认识到孩子的个性，尊重他们的兴趣，找到适合他们的学习方法。

每一个孩子都是独一无二的，是特殊的，他们有着不同的学习习惯和思维方式，我们要做的是尊重他们的兴趣和习惯，引导他们接受有成功案例的高效学习方法，让他们主动去尝试。

寻找好的学习方法不能人云亦云，应该根据自己的习惯和兴趣自由选择。学习方法摆在面前，只挑选最适合自己的就足够了。家长从别人身上学来的经验要经过筛选、磨合，再应用到孩子身上，切忌"一刀切"式吸收，要给孩子选择的权利。

适合孩子的学习方法在哪儿？它就藏在孩子的学习习惯中，在日渐磨合和完善的学习经验中，在孩子主动开始学习的行为中。

第 2 章
培养良好的学习习惯

老师是学习中最宝贵的资源

学校里学生对老师的态度似乎呈两极分化的现象。一部分学生非常喜欢接近老师，上课紧跟老师的学习思路，积极参与和老师的课堂互动，下课后也会找老师答疑；而有一部分学生对老师避之不及，老师提问时，恨不得立即消失在教室，不敢抬头，生怕与老师对视后被叫起来回答问题，下课围在老师身边问问题的学生里自然没有他们的身影。

这些学生为什么不愿意接触老师呢？我总结了以下几点原因：

（1）没有预习功课，课堂上也没学会新知识，回答不上老师的问题。

（2）有轻微的社交恐惧症，上课回答问题时会紧张，大脑一片空白。

（3）在潜意识里害怕老师，认为回答不好问题会被批评。

（4）与老师互动不好会被同学嘲笑。

（5）没有主动接近老师的习惯，不知道老师是自己学习中最宝贵的资源。

在孩子上小学后，我们要时刻关注孩子的上课表现以及情绪波动，时常与老师沟通和交流，及时了解孩子在学习上的问题，有针对性地去解决。同时也要引导孩子意识到老师对他们学习的帮助。

其实，那部分对老师存在"误解"、不愿意多接触老师的孩子除了自身性格和课堂准备不足之外，还有外界环境对他们的影响。家长在教育孩子时，为了让孩子好好学习，难免会不自觉地把老师塑造成严厉的形象，目的是让孩子听老师的话，遵守纪律，按照老师的要求学习。

邻居张焕的女儿丹丹就是一个对老师有"阴影"的孩子。在她上小学四年级时，期末考试数学考得不好，成绩很低，她害怕回家被爸爸批评，于是偷偷将试卷上的答案改了，就说是老师批错了，她其实做正确了。

丹丹本以为这次考试风波已经成为过去式，可星期一去上学时，数学老师专门将她叫到讲台前，拿着她的试卷批评她："这几个答案是不是你改了？你怎么能做这样的事？真是太让我失望了！"

老师言辞严厉，面带怒容，丹丹被吓坏了，眼泪在眼睛里打转。原来她的爷爷和数学老师是同学，闲来聊天时就将她批错卷子的事说出来了。数学老师一经查验，发现是丹丹改了试卷上的答案。

从那以后，丹丹就对老师产生了一种恐惧心理，上课不敢抬头，害怕跟老师有目光接触，下课也从来不问老师题，甚至在校园里远远看到老师走来也会急忙转身绕一个大圈回教室。她性格内向、敏感，也不和同学交流，回到家后跟父母的沟通也变少了，经常闷闷不乐。

张焕察觉到女儿情绪的变化，详细了解过后，她通过以下几个步骤来帮助孩子解开与老师之间的"心结"，让她养成多配合老师教学的好习惯，上课多参与互动学习，主动举手发言。

第一步，沟通之前先改变现状。

张焕没有直接和女儿沟通，也没提改试卷的事情，她从学习本身出发，抽时间抓她的学习成绩。比如，和她一起预习，去小区安静的地方朗读课文，朗读完课文后互相提问，制造学习的趣味，让她对所学的东西产生兴趣。再教她高效复习的方法，复写课堂笔记，做相应的习题。作业要按照老师的要求去完成，务必字迹工整，认真对待。

理顺了学习思路后，丹丹在上课时就没有那么害怕了，就算老师上课提问，她也可以回答出来。但她依旧不敢看老师，不和老师有眼神交流，也不主动举手回答问题。

在丹丹不反感老师教学后，张焕开始和她沟通了，并引导她说出对老师的看法。

第二步，增强跟老师互动的前提是做好预习。

张焕告诉丹丹："在很多人面前说话的确很容易紧张，尤其是站在讲台上就更紧张了。只要我们多练习，把功课预习好，上课被提问时就有了底气。你想啊，老师提问的你也可以答出来，有什么好怕的呢？"

于是，丹丹在妈妈的鼓励下认真预习功课。一次语文课上，当老师让她朗读时，她腰板挺直地站起来，朗读的声音很洪亮，虽然因为紧张读错了几个字，但整体效果很好。老师在她朗读完后，赞许道："丹丹，你课文读得很不错，看得出来下功夫了。大家要向丹丹同学学习！"

被表扬的感觉真棒，丹丹很享受这种感觉。从那以后，她开始渴望再次受到老师的表扬，于是更加用功学习。上课时，她开始抬头望着讲台，目光紧跟着老师，积极主动地跟老师互动，举手回答问题。

第三步，也是最后一个步骤，要让孩子知道老师在他们学习生涯中所起的重要作用，养成勤学多问的好习惯，多跟老师沟通学习方法，分享学习心得，勤问不会做的题。

经过一段时间的学习，丹丹的学习劲头比以前加强了，受到老师的表扬和鼓励多一些后，也更自信了。她再也不害怕老师的提问了，跟老师之间的"心结"终于解开。

一般来说，老师的教学经验丰富，他们非常了解书本知识考查的重点和难点，知道怎样辅导孩子更有效果。有时学生苦思冥想还不懂的问题，老师一点拨便会豁然开朗。

因此，我们要让孩子知道老师是学习中最宝贵的资源，要珍惜老师的教学时间，争取使自己的学习效率达到最大化。

错题集的地位有待提升

很多学生不理解，老师和家长为什么让他们整理错题。看错题完全可以直接在卷子上看，为什么要花费时间和精力将错题整理到一个本子上呢？

小学六年级的郁馨也很不理解，马上就要进入小升初的复习阶段了，老师竟然还要求大家将错题按照学科整理出来。她认为完全没有必要，回到家后她跟妈妈说："我觉得老师的话也不完全对，我认为现在不该整理错题集，而是把时间用在做题上，多看一些题型。错题我可以直接在卷子上看，既方便又节省时间。妈妈，你认为我说得对吗？"

妈妈笑着对她说："你能将批判性思维用在生活里，妈妈觉得你做得很棒。那么怎么检验你的看法是否正确呢？我觉得你可以按照自己的想法来做一段时间，看看是否有效果。"

得到妈妈的支持，郁馨很是开心，于是按照自己的想法学习，她将卷子按照学科分好，考试前翻看一遍，研究解题思路。刚开始还好一些，随着卷子和练习册的增多，她翻看一遍的时间越来越长，后来仅翻看一半就已经很疲劳了。坚持了几个月，在期中考试成绩下来后，妈妈拿着卷子跟她探讨，说："这道数学题你好像做过类似的，这次你还是做错了。还有英语填空，这个是固定搭配，你以前也做错过相似的。"

郁馨惊讶地问："妈妈，你是怎么知道的？我都不记得自己做错过这个类型的，我只是觉得这几道题很眼熟，做的时候也不知道对不对。"

妈妈拿出一个本子递给她，说："妈妈给你看一样东西。我利用空闲时间把你做错的题整理了一下，将一个类型的错题放在一起，总结出这些题要考查的知识点，然后在错题的后面写了解题思路和容易做错的地方。你看，这样看是不是清楚很多？"

郁馨拿着妈妈用不同颜色标记出来的错题集，看了几页后说："妈妈你太厉害了，快教教我这个是怎么整理出来的，我要学。"

妈妈笑着说："现在经过验证，老师说的话是对的，我们是不是应该改变对错题集的看法，从现在开始认真整理错题呢？"

郁馨点点头说："是的，妈妈，我要听老师的话，将错题整理出来！"

我们可以从上述实例中获取一个信息：想要孩子主动去做一件事，去培养一种好习惯，须得他们发自真心，主动去做。整理错题集也是一样，孩子须得从心里认可，才能欣然去提笔整理。必要时，家长可以在旁细心引导，告诉孩子整理错题集的重要意义。

那么，如何引导孩子整理错题集？怎样做才能发挥错题集的作用呢？

第一，引导孩子主动整理错题集，要"真材实料"，拒绝"敷衍了事"。

很多家长认为小学阶段学习的知识很简单，完全没必要整理错题集，白白浪费家长和孩子的时间。

其实，学习的习惯要从小培养，小学阶段就是培养孩子好习惯的最佳时期。可以按照年级循序渐进地进行，切不可操之过急，要给孩子一些时间去适应。在1—3年级可以鼓励他们自主整理错题集，让他们自己选一个喜欢的笔记本和各种颜色的笔，让他们将经常做错的题记录下来。除此之外，还可以让他们记录一些自己认为重要的知识。

等到了4—6年级时，家长就可以引导他们学习记错题集，可以跟他们分享错题集的作用，告诉他们这样做有什么用处，如何快速地整理错题集等。要让孩子知道，既然要整理，那么就认真对待，不要敷衍了事。

第二，错题集的内容要逐步完善。

小学生在刚开始整理错题集时难免会内容缺失，我们可以慢慢告诉他们如何完善。一本错题集的内容最好包括以下三点。

（1）错题考查的知识点。

在错题的旁边用其他颜色的笔标明知识点，即考查的是哪些知识。知道哪里不足，就可以"对症下药"。

（2）做错这道题的原因。

简单记录当时做错这道题的原因，为什么选择了错误的选项。这个过程可以理顺知识点以及解题思路。如果是知识点记忆混乱，则加强记忆。如果是解题思路不对，则记录下来给自己警示，下次要避免。

此外，如果是选择题，可以将每一个错误的选项分析一下，当孩子将这道题理解透彻后，他们就会知道出题者在这道题中设的小陷阱。

（3）正确的解题思路。

将正确的思考方法记录下来，简单记录解题的那根线头即可。

第三，定期复习错题集上的知识点，用习题检测，学会举一反三。

错题集存在的意义不是记录，而是弄懂知识点，知道自己为什么做错，如何可以不做错。因此，记录只是其中一步，接下来需要孩子定期复习错题集。在复习错题集的过程中，还要找一些类似的题型去练习，保证真正掌握考查的知识点。

第四，及时更新错题集，做到研究"透彻"。

错题集要定期更新和整理，将已经学会的习题删除，不能一味地积累，否则错题集会越来越厚，孩子每次看一遍都需要耗费很长时间，效率会大大降低。此外，在更新错题集时，可以按照习题的类别归纳，将一个类型的错题放在一起集中研究和学习。

错题集的建立是为了让学生养成良好的学习习惯，引导他们通过整理错题而懂得将学过的知识进行梳理和归纳，将疏漏掉或没弄明白的知识点解决掉。从表面上看，整理错题集是在浪费时间，可从长远发展来看，它有利于学生养成整理和分析的习惯，从错题中找到规律，再集中练习，提高成绩。

现在，让我们一起提高错题集在学习中的地位，提高学习效率吧！

写作业也要遵守规则

很多家长跟我抱怨，说陪孩子写作业非常考验身体素质，经常"一言不合"就血压升高。在这些家长眼中，陪孩子写作业似乎是一场战斗，很难在心平气和中度过。那么，这些家长和孩子是如何将学习变成"战场"的呢？让我们一起看看这些家长是如何做的吧！

A家长崇尚无为而治，认为写作业是孩子自己的事，家长不应该参与，于是放手让孩子自己写。结果孩子感觉无人约束，边玩边写，写到晚上11点也写不完。

B家长则认为孩子需要勤加管教，写作业也需要定下规矩，对孩子异常严厉，经常将孩子训哭。

C家长属于焦虑型，不看着孩子写完作业就心神不宁，一定要坐在孩子旁边陪他，她自认为这个方法很好。可孩子下一次写作业前却把房间门反锁了，不让她进屋。

D家长属于情绪波动较大的类型，典型的"沾火就着"，辅导孩子写作业就是"大型战斗现场"。他不理解为什么自己讲了三遍的知识点，孩子却依然处于一脸懵懂的状态，他看着火气就很大。

这四位家长的初衷都是美好的，他们为了让孩子能够好好写作业算是煞费苦心，耗时耗力，可结果却与设想的大相径庭。他们很不理解，为什么他们这样努力了，可孩子还是写不好作业呢？

现在我们一起来分析一下这四位家长在教育孩子写作业这件事上进入

了哪些误区。

A 家长的"无为而治"本身很好，孩子本就是学习的主体，他放手将写作业这件事交给孩子也是正确的。但"无为而治"并不是不作为，家长要给予适度的约束。这位家长不妨这样做，给孩子约定写作业的时间，要他们按时完成，并给他们定下规矩，不写完作业不能玩耍。

B 家长过于严厉。经常责骂孩子会令他们会没有安全感，写作业效率会更低。父母教养孩子要严中有慈，掌握"严"与"慈"之间的度，不能过于严苛，也不要过分慈爱。

C 家长进入了陪孩子写作业的误区。"陪孩子写作业"这几个字的重点是"陪"，如何"陪"是有小窍门的。这位家长不妨换一种"陪"的方式，和孩子一起约定好，孩子写作业，家长处理自己的事，或是读一本书，或是去做家务，和孩子比比看谁先做完，做得又好。当然，这里看书要与孩子保持距离，没有空间接触，比如，孩子在书房，家长在客厅，分隔开来，互不影响。

D 家长过于在意孩子写作业的结果。他首先要控制自己的情绪，放平心态。其实，那句"术业有专攻"恰好解释了为什么家长讲三遍孩子依旧不会做，而老师讲一遍孩子就明白了。老师授课经验丰富，他们懂得如何讲能让孩子听懂，他们有自己的授课技巧。

其实，孩子写作业的习惯也需要从小培养，家长可以用孩子能够接受的方式教会他们如何高效地写作业，让他们按照家长的方法和建议试一试，如果他们觉得有用，那么自然会主动坚持下去。

要明确地告诉孩子，写作业也要遵守规则，这样写作业的效率会更高，节省下来的时间就可以交给他们自己，给他们自由发挥的空间。下面分享一些写作业需要遵守的规则，以供大家参考。

规则一，写作业需要"仪式感"。

学习和写作业也是需要氛围感的。整洁的书桌、齐全的文具和草稿纸、安静的环境、必要的学习氛围，这些都是孩子写作业时应该具备的仪式感。

规则二，写作业前先复习，简单梳理今日学过的知识。

培养孩子在写作业前复习所学知识的好习惯。通过复习，孩子可以巩固白天学过的知识点。增强了对知识点的理解，写作业才会又快又好。

规则三，限定的时间内写完作业。

写作业前给孩子一定的约束，比如限定写作业的时间，让他们在规定的时间内完成作业，让他们有时间观念。这样做也可以锻炼孩子的考试思维，避免考试时做不完题的情况。

规则四，写作业时切忌"三心二意"。

告诉孩子做事要认真，写作业必须一心一意，将注意力放在作业本上。不可以边玩边写，也不可以手上写着作业，心里却想着待会儿出去玩。

规则五，遇到难题请绕行，单独标记，重点攻破。

有些孩子写作业很慢，遇到不会做的题不"知难而退"反而"愈挫愈勇"。写作业中遇到的难题与"吃透"难题是不一样的，在写作业时遇到难题可以暂时避开，等完成作业后，向家长寻求帮助或到学校问老师。而在专门攻克难点和疑点时，就要"迎难而上"，积极思考解题思路，试着解答，如果花费很长时间依旧不会，那么就需要询问老师了。

规则六，"收尾"工作也必不可少。

写完作业后，要让孩子按照各科的作业清单"验收"作业，确保没有漏项。然后整理书包和书桌，保持整洁，这样的收尾工作必不可少。

小学生写作业是需要家长鼓励和积极引导的，一旦掌握了有效的方法，他们都能够顺利完成作业。

写作业这件事不能着急，让孩子变"被动"为"主动"需要一个过程。家长可以跟他们分享高效写作业的方法，心理上积极支持，多鼓励他们。要相信，时间会让孩子养成好习惯，我们要给孩子一些时间，等待他们蜕变。

有目的地培养逻辑思维能力

"学而不思则罔，思而不学则殆"出自《论语·为政》，这是他提倡的一种读书和学习的方法，将"学"和"思"联系在一起学习，注重思考的作用。孔子认为，读书或学习如果一味地学，而不懂得思考，那就会因为不理解书本知识的意义而不会有效利用，最后陷入迷茫。而一味地空想却不知道用心学习和研究，则会一无所成，毫无建树。因此，想要高效学习，须得将学习和思考结合起来。

那么，家长怎么帮助孩子提高思考能力呢？这里就需要提到我们所熟知的批判性思维。那什么是批判性思维呢？

批判性思维就是对他人提出的观点、方法和思维过程进行评价、质疑和矫正，并且通过有效的方法论证、比较和分析的思维。批判性思维往往可以使我们对事物的认知上升一个层面，会对事物有更本质、更全面的认识。用几句简单的话概括批判性思维的过程就是：从"我对你说的话表示质疑"到"我要论证和分析你说的是否正确"，最后通过证据验证，得出结论。

批判性思维是理性的，也是客观的，用批判性思维看待问题，会得到最纯粹、真实的答案。

在培养小学生的批判性思维之前，我们先来看看批判性思维对小学生的学习有哪些好处。

（1）批判性思维模式能开启孩子的创造力，有助于大脑开发。

（2）习惯用批判性思维看待问题，有利于锻炼孩子自主做事和思考的

能力，形成自己的想法，利于人格独立。

（3）批判性思维可以增强孩子的好奇心，对事物质疑和求证的过程就是探索的过程。

（4）批判性思维有利于孩子沟通能力和语言表达能力的提高，这个过程也可以整合和巩固从前学过的知识。

此外，有关批判性思维，哲学家培根曾经说过："批判性思维是对寻求真理的渴望，对质疑的耐心，对冥想的热爱，对判断的谨慎，对思考的热衷，对部署调整的慎重，以及对一切谎言的憎恶。"

培根的这段话告诉我们批判性思维所能达到的更高思想层面，我们在教导孩子的时候也需要告诉他们，要对自己说出的话负责，慎重断言，谨慎决定，对事物保持求知欲，寻求真理和真相。

既然批判性思维有利于孩子的学习和成长，那么家长应该如何引导孩子培养批判性思维呢？

首先，批判性思维的训练从提出问题开始。

孩子在学习时会接收到各种各样的信息，这其中有些是正确的，有些还有待考究。我们要教会他们如何辨别这些信息，判断这些信息对他们的学习和生活是否有益。

在这里，我们可以让孩子用 5W2H 方法，也叫七问分析法来进行提问。5W 即 WHO、WHAT、WHERE、WHEN、WHY，2H 即 HOW、HOW MUCH。

举一个例子，妈妈带孩子去教培机构听宣讲课，培训老师表达了这样一个信息：题海战术有利于提高学习成绩，从今天开始要疯狂做题，只要所有的题都做到了，考试就不怕了。

这个时候具有批判性思维

的孩子应该怎么提出问题呢？我们按照七问法理顺一下，让家长和孩子一起探讨上述方法是否可行。

WHO 这句话是谁提出来的？这个人说的话一定是对的吗？他说的话具有权威性吗？

WHAT 这个信息是什么？是否有有效依据来论证？

WHERE 他是在什么场合提出这个观点的？是公开场合，还是私下即兴表达？

WHEN 他是什么时候表达的这个观点？这个观点是不是已经过时了？

WHY 他表达这个想法的动机是什么？他为什么要分享这个学习方法？是为了推销习题集或推销课程吗？

HOW 他是用什么方式表达的这个观点？是官方通知还是口头表达？是信誓旦旦还是模棱两可？

HOW MUCH 题海战术是要做到什么程度？效果有多好？有没有实例分析？

经过探讨后，妈妈和孩子认为题海战术并不能快速提升学习成绩。习题可以做，但贵在精，而不是追求多。做题要保证做一道，会一道，懂一道，这样效果才最佳。

在学习中，家长可以多从生活实例中引导孩子练习批判性思维，并且让孩子说出为什么质疑，为什么同意，为什么推断。慢慢培养，最后达到能够引经据典、有理有据表达自己看法的理想状态。

其次，父母在面对孩子的质疑时不要敷衍，要认真、积极地回答孩子的提问。

很多家长认为"父母需要权威"，要在孩子面前树立威信，否则他们将很难管教孩子。但父母也是人，难免会犯错，有说错话、给错信息的时候。这个时候如果孩子提出疑问，质疑父母所说的信息，我们不要回避，更不可敷衍了事，替自己找借口。要知道，这是训练孩子养成批判性思维的重要环节，鼓励孩子提问，且正面回答孩子提出的问题，必要时也可和孩子进

行讨论，表达内心的真实想法。

最后，孩子要掌握的几个辨别信息的小窍门。

（1）查验法。通过查阅书籍或搜索网络上权威网站发布的信息检验信息的对错，积累一些收集信息的方法。

（2）比较法。让孩子将不同信息进行对比，寻找它们之间的异同点。

（3）分析法。通过思考和讨论听到的信息，用已知的方法进行实际论证，看看应用到现实中是否会产生效果，再根据效果进行客观分析。

（4）实验法。实践是检验真理的唯一标准，将得到的信息应用到实际中去，通过科学实验验证信息的真伪。

理查·保罗教授是世界上著名的权威批判性思维专家，他认为：批判性思维不仅是一种思考，还是一种让自己变得更完善的思考。

批判性思维能让孩子思考问题更全面。当他们能够用批判性思维独立思考时，那么他们面对生活和学习上的难题就不会束手无策，也不会退缩。他们会逐渐形成自己的思考方式，去面对问题，去解决问题。

人生漫漫，孩子终究会长大，与我们渐行渐远，培养他们养成批判性思维，也是为了更好地"放手"。将孩子面临的问题交给孩子自己解决，这也有利于他们将来在社会上立足。

从当下看，批判性思维可以帮助孩子解决眼前的学习问题。从长远看，它也可以引导孩子面对人生中的大问题。

还犹豫什么呢？开始行动吧！将培养孩子养成批判性思维的习惯放在家教日程上吧！

每一个学生都可以变得很自律

笔者曾经收到一位家长的求助信，她在信里写道："我家孩子自我约束能力太差了，只要放假就想着看电视，被我抓到好几次了。后来她学聪明了，估算着我回家的时间，一听到走廊里有声音便立即关了电视，跑回房间拿本书看，我每次摸电视都是烫的。她将聪明劲儿都用在看电视和跟我对着干上了。后来，我把电视机拆掉了，她哭了好几天，一句话都不和我说。我怎么管她都没用，她甚至还威胁我要离家出走再也不回来了。"

从这位妈妈的描述中我们可以看到这个小女孩存在的问题：自控力差，在没有家长或老师的约束时就不能好好学习；缺少兴趣和爱好，迷恋电子产品；没有找到学习目标，从不主动学习，认为学习很痛苦；轻微叛逆，和父母缺少有效沟通。

很多孩子都存在自控力差的问题，做事和学习需要别人监督，一旦失去制约，他们大概率会立即放下学习，去做一些家长不允许他们做的事。这些孩子存在的问题概括起来就是"自律性差"。

什么是自律？

自律是一种精神力量，是自我管控的能力，这种能力会让我们持续地做某件事情，无论遇到什么困难都能坚持不懈。自律更是一种持之以恒的人生态度。

成为一个自律的人，这件事很难，除去内在的约束，还需要外界环境的推动。我们都知道，当一个习惯养成，想要改变就很有难度。

文章开头的那位小女孩想要转变现在的状态，就需要提高自律能力，逐步解决存在的问题。针对她的情况，笔者给其家长提了几点建议，现在让我们来看看家长具体是如何做的。

第一步，先增加父母与孩子的有效沟通，增强孩子对家庭的归属感和幸福感。

在孩子出现叛逆的行为时，他们就像刺猬一样将身上的刺竖起来，因为他们感觉到了危险，要自我保护。这时父母如果拿出更强势的态度，硬碰硬，只会两败俱伤。

这位妈妈按照我的建议，放低姿态，和孩子站在同等的位置上进行沟通，她主动对孩子说出自己的心里话以及现在面临的烦恼，请求孩子的帮助。然后慢慢引导孩子说出自己的想法，鼓励她表达。

第二步，解决孩子沉迷手机、电视等电子产品的问题。

有了沟通和交流后，小女孩不再反感和妈妈说话了，妈妈也重新安装了电视。同时，她选择在休息日带女儿去周边的景点游玩，野外露营，观察大自然中的昆虫，在草地上放风筝、捉蜻蜓，将周末休息的时间安排得满满的。女儿果然很开心，说："这比看电视有意思。"

她将女儿的注意力转移到其他积极向上的事情上，并且鼓励女儿自己选择，顺应孩子的天性，尊重孩子的兴趣，引导孩子做一些感兴趣的事情。当注意力转移到其他地方时，孩子自然会减少对电视、手机等电子产品的需求。

第三步，让孩子了解自律的重要性，举例说明自律会给生活和学习带来哪些影响。

当这位妈妈与女儿进行有效沟通的次数多了，孩子也不再沉迷看电视时，她开始向女儿说出自律的好处。她对女儿说："你经常埋怨妈妈不让你吃油炸食品，你很不理解，今天我就告诉你原因。我之前很胖，也爱吃甜食和油炸食品，认为那是人间美味，但有一次体检，妈妈被查出来血脂高，尿酸也高，体重超标，血压也有些高。医生说如果不调节饮食结构和减肥，将来会有很多毛病找上门。于是，妈妈开始控制饮食减肥，坚持了一年才将血脂和尿酸降下去，这么多年，我也一直习惯清淡饮食，常做运动，这就是我跟你提到的自律的好处，它可以让我们的身体更健康。"

用这样生动的例子告诉孩子自律的好处，让她明白，自律会带来更多的快乐和自由，会让自己收获更多。

第四步，循序渐进地引导孩子走上自律的学习之路。

当孩子也认为自律很重要，想要变得自律时，家长就可以引导他们具体去做了，下面是让孩子变得自律的几点小窍门，给各位家长做参考。

（1）让孩子厘清梦想与学习的关系，找到学习目标，主动去学习。

（2）制订学习计划，规划学习时间和内容，给学习指引方向。

（3）找到自律的榜样，向榜样学习。

（4）定期反省和总结一段时间的学习和生活状态，找出自己进步的地方，受到了哪些表扬。让孩子知道自己在进步，给学习的动力蓄满能量。

（5）适当的奖励和恰到好处的鼓励必不可少，让孩子增强自信心。

第五步，坚持下去，父母要做到悉心引导，给孩子多一些关注和支持，定期沟通，和孩子保持友好关系。

这位妈妈按照上述的步骤去做后，女儿逐渐减轻了对电视的痴迷程度，也开始按照妈妈说的坚持去做某件事，一步一步走在变得自律的道路上。虽然刚开始很难，也很不容易坚持，但只要她不放弃，就会找到自己感兴趣的东西，主动去学习，从而变成一个自律的人。

孩子就像一朵云一样纯白可爱、自由烂漫，充满希望。在孩子自律的问题上，我们可以当一阵风，推动他们前进，且给他们一个可接触到的榜样。

要坚信，按照适合孩子自己的方法去培养，每一个孩子都有机会变得自律！

善于劳逸结合，合理休息

快速行驶的公交车上出现这样一段对话：

"你家孩子都上幼儿园大班了，还有时间去海洋馆玩儿呢？我家小孙子上幼儿园大班时已经被他妈安排去上各种兴趣班和补习班了！每天忙得哟，饭都得快点吃，不然就赶不上去上课了！现在上小学，更忙了，哪有时间去玩？"

"我家孙女儿马上就上小学了，那是不是也应该多报一点补习班啊？"

"当然了，马上就是小学生了，该报的班都需要报上了，把课余时间安排得满满当当。出去玩儿怎么行，别人家的孩子都在学习，就你家孩子出去玩，那不就被落下了！"

"唉，现在的孩子压力太大了！"

"压力"的威力已经蔓延到幼儿园大班的小朋友身上了。从幼儿园大班开始，甚至更早，家长们就给孩子戴上压力的"枷锁"。他们将孩子的课余时间安排得明明白白、满满当当，堪称时间管理大师。幼儿园小朋友还好些，等上了小学，家长仿佛接收到一个信号："来不及了！再快点！别人都在努力学习，咱们家孩子也不能输在起跑线！冲啊！各种补习班和兴趣班！"

殊不知，在家长的过度干预下，小学生积攒的压力越来越大。一些承压能力差的小朋友，会或多或少出现心理问题，一般表现为沉默寡言，不爱交际；出现厌学情绪，逃课逃学；情绪波动大，容易焦躁愤怒，严重的甚至会有自残行为。

正如热播剧《妈妈！加油》中苏青的儿子小夫，在别的家长眼中，他是完美的孩子：不但乖巧懂事，而且是重点小学的"学霸"。但不可否认，他的压力很大。他从幼儿园开始就被各种功课填满生活，不能出去和朋友玩。压力随着年龄的增长而加大，一直得不到释放，以至于心理出现问题。

我们这代人很难想象小学生面临的压力，很多"80后"的小学生涯就是在玩乐中度过的，学习的压力也会有，但与现在的情况有很大不同。不过我们可以这样假设一下：假如单位的领导将你的工作时间安排得满满当当，每天上班时需要分秒必争，否则就完成不了被安排的工作内容；下班后也需要给自己充电，学习跟工作有关的事，上补习班、考证；每月一小考，每季度一大考，考完还要评绩效，按照绩效发工资。试问，这样的生活你会觉得没有压力吗？

类似的事情发生在孩子身上。他们每天 7 点出发去学校，晚上 5 点回家，在学校期间有老师教导，上课要认真学习，课后还要完成作业、复习功课、预习新课、参加各种考试。试问，这样的学习生活孩子会没有压力吗？

高效学习并不是排满学生的课余时间，学得多不代表学得好，学得累也不意味着学得透彻。学习需要张弛有度，要注意劳逸结合。

孩子在学习时，大脑高速运转，时间长了就需要休息，如果休息不好，或一直处于运转状态，大脑会陷入"失灵"状态。孩子会感到疲惫不堪，注意力无法集中，头脑反应迟钝。因此，在学习时我们要借鉴弗朗西斯科·西里洛的"番茄学习法"。它的要领就是学习 25 分钟，休息 5 分钟，学习和休息交替进行。在休息时让大脑充分放松，放松之后再进行脑力运动。

有人会问，学习要讲究劳逸结合，注意合理休息，那么任何休息的方式都可以吗？答案当然是否定的。假如孩子学习了两个小时，然后要求放松一会儿，结果他去打游戏或看电视了，这就需要和他"谈谈"了。

伏案学习本就是很辛苦的，需要让孩子格外注意颈椎和眼睛的保健。而打游戏和看电视都是对眼睛有害的，如果如此"休息"后再去学习，那势必会用眼过度影响视力了。下面我给各位家长分享几种休息方法，家长可以推荐给孩子，让他们选择最适合自己的。

（1）运动。学习很耗费精神，是脑力运动。学习之余可以选择一些简单的运动，比如跑步、跳绳等。

（2）冥想。找一个安静且安全的地方放空自己，闭上眼睛，听着轻音乐，想象自己是自由的，恣意潇洒地遨游世界。

（3）烹饪。在保证安全的前提下，有意识地教孩子做一道自己喜欢的菜。可以从简单的做起，比如用蒸蛋器煮鸡蛋、蒸鸡蛋羹。等孩子到了五六年级，可以和他们一起完成一顿晚餐，教他们做蛋炒饭、西红柿炒鸡蛋等。烹饪是一种放松方式，对日后工作和学习的放松很有帮助，在烹饪的过程中，他们可以静下心来。

（4）群体游戏。可以做一些球类运动，和伙伴们一起踢足球、打篮球、打乒乓球和羽毛球等，在球场挥洒汗水。

（5）会友。学习的过程中难免烦躁，也会焦虑、疲惫。这时可以找知心好友或聊得来的亲戚交流。大家一起吃个下午茶，或逛街，当紧绷的状态缓和一些后再继续学习。

提高学习成绩是一件长期坚持的事情，它没有捷径。学习正如那句"书山有路勤为径，学海无涯苦作舟"，但在学习之余也要注意休息，学习与休息要一张一弛，掌握其中的度。告诉孩子，"闷头"学习不可取，要注意劳逸结合，毕竟只有休息好了，学习起来效率才会更高。

第 3 章

提高学习时间
的管理能力

让孩子懂得时间的重要性

时间就像沙漏，流走得很快，仿佛弹指一挥间便消失不见。在《新华词典》上，描述时间的成语有很多，如贵阴贱璧、尺璧寸阴，形容时间很宝贵；如斗转星移、白驹过隙，形容时间流逝得很快。时间是一种很宝贵却流逝很快的无形财富，需要我们珍之爱之，好好利用。孩子应该从小培养对时间的认知，了解时间的重要性，知道时间很宝贵，要珍惜时间。

每天 0 点我们时间的账户里会悄悄流入 86400 秒，无论我们如何对待这86400 秒，它都会在当天 24 点清零，生命中再没有今天的这 86400 秒。除去吃饭、休息、娱乐，留给孩子们学习的时间是很有限的。如何在有限的时间里更高效地做事，就是我们想要谈的问题。

而在这之前，我们首先要引导孩子树立正确的时间观。

美国心理学家菲利普·津巴多曾提出，人的时间观可以分为六种不同的类型，拥有不同时间观的人，他们的做事效率是不同的。我们在理解津巴多的时间观时可以把它分为三部分，分别是过去、现在和未来。现在就让我们一起来看看这六种时间观。

（1）积极的过往时间观。

具有积极时间观的人对过往经历的事情有所怀念，想到的是美好、幸福的时光，记忆给他们带来的是力量和动力。这类人往往性格开朗，对生活和学习的态度都是积极向上的。他们就像有一颗小太阳在头顶，走到哪儿都很欢乐，很有感染力。

（2）消极的过往时间观。

他们提起过去会将注意力放在悲观消极的体验上，对过往的失败耿耿于怀，念念不忘受到的伤害，记忆中保存的多是不幸，常常会陷入懊悔中。这部分人的行动力往往会很差，感觉就像头上顶着一片乌云，走到哪儿都是阴云密布，愁眉苦脸地不开心。

（3）当下享乐时间观。

这部分人注重享受当下的美好时光，有种逃避现实追求世外桃源的感觉。他们沉醉于当下的生活，追求片刻享受，注重快乐和冒险，但也会因为缺乏行动力，想做的事情做不成，不能高效利用时间。

（4）当下宿命主义时间观。

他们认为天命难改，不相信人定胜天，觉得任何决策和努力都毫无意义。这类人在生活中遇到难题会退缩，对人生没有规划，全都交给命运。

（5）关注未来的时间观。

拥有这种时间观的人计划性很强，对未来充满期望，可以抵住当下的诱惑，潜心学习，努力做事，将计划付诸实践，并且信念坚定地认为自己可以做到。

（6）超未来的时间观。

超未来时间观指的是相信人生有来世，会为死后的生活做计划，把希望建立在死亡之后的重生上。

在了解了津巴多的六种时间观念后，我们可以权衡利弊，总结归纳出最适合我们和孩子发展的时间观。首先，调整过去时间观，从消极转向积极。其次，调整当下时间观，专注当下。最后，调整未来时间观，目标导向。也就是说，积极的过去要保留，它是我们精神强大的根源，让我们可以一直乐观向上；要享受当下，脚踏实地地做事；对未来有规划，按照计划执行。

　　小朋友的学习问题也可以从树立时间观念开始做起，要让孩子积极地面对学习中遇到的问题，享受当下的学习时光，过去获得的优异成绩可以作为继续努力的动力，同时，制订当下和未来的学习计划，有针对性地训练，系统地规划学习时间，做到高效学习。

　　莎士比亚曾说过："放弃时间的人，时间也会放弃他。"相反，珍惜时间的人，最终也会被时间珍惜，时间会回馈他最美好的礼物。

　　我曾经给一个小学六年级的女孩补过课。她叫子琪，是一个很自律的孩子，会主动规划自己的学习时间，制订学习计划，并且严格地按照计划执行。她曾跟我分享过自己设计的表格，每一段时间要做什么都规划得很清楚，而且懂得劳逸结合。我看着那张计划翔实的表，有些震惊，心里想着，一个小学生能对这么复杂的计划表感兴趣吗？该不会是像《小王子》里的小女孩儿一样被妈妈逼迫的吧！不过当她拿着计划表兴致勃勃地瞧着我时，眉眼弯弯的，似有星光流出，亮晶晶的。看得出来，她的笑是发自真心的，她很高兴，很享受一项项完成计划表上学习内容的过程。

　　子琪对我说："李老师，我可喜欢执行计划了，这些学习内容是我自己填上去的，休息时的娱乐项目也是我自己选择的。爸爸和妈妈都很支持我，他们认为我可以独立完成这些事了。我觉得每一天都过得很充实，很快乐。我认为快乐就是我想学习时就学习，想背单词就背单词，想做数学题就做数学题，想出去玩儿时就出去玩儿。妈妈说，她给我足够的自由让我安排自己的时间。我觉得妈妈最棒了！"

　　子琪很珍惜时间，觉得留给她自己支配的时间是有限的，用来学习的时间就更有限了。补课时，她会紧跟着我的思路，积极地跟我互动，遇到难题时也会主动思考，将自己的解题思路写下来，再来问我正确的解题思路是什么。此外，等待吃饭的时间也被她利用起来了，如果有 10 分钟，她会做一个小游戏，看看最快能记几个单词。

　　一时的坚持，或许不会有所成就，然而她一直坚持管理自己的时间，珍惜每一秒，时间最终也不会辜负她。她考上了理想的大学，进入大学后也坚持做计划，认真充实自己，活成了最美好的模样。

高尔基对时间是这样看的，他认为："世界上最快而又最慢，最长而又最短，最平凡而又最珍贵，最易被忽视而又最令人后悔的就是时间。"

时间就是这样，有一种神奇的力量，孩子可以从时间中收获成长，这种力量会随着坚持融入他们的生命，完成蜕变，获得价值。

作家格拉德威尔在著作《异类》一书中写道："人们眼中的天才之所以卓越非凡，并非天资超人一等，而是付出了持续不断的努力。一万小时的锤炼是任何人从平凡变成世界级大师的必要条件。"

这个世界上不存在百分百的天才，天才也需要付出辛苦和努力，日复一日、年复一年地学习、研究、探索，最后获得成功，实现自我价值。

任何努力，就算再微小，积年累月的坚持后，都会有意想不到的效果，这就是时间带给我们的底气。

我们在对孩子进行家庭教育时，要让他们理解时间的意义，让他们从心底知道珍惜时间，科学合理地利用时间，让时间发挥最大的效能！

时间管理可以提高做事效率

同样的一小时，同样的家庭作业，不懂时间管理的孩子会花费 10 分钟找笔，10 分钟拿出本，10 分钟酝酿着开始写作业，20 分钟被外界有意思的事干扰，最后 10 分钟做一道题，结果发现一个小时过去了，习题册一页都没翻过去，于是哭着喊着时间不够用，抱怨老师留的家庭作业太多了。而擅长时间管理的孩子会将这一个小时安排得明明白白，不仅作业写好了，书桌也收拾妥帖，就连明日上课需要带的文具都准备好了。效率之高，令人赞叹。

后者就体现了时间管理的魅力，它可以提高孩子的学习效率。

什么是时间管理呢？

时间管理是指提前规划和利用一定的方式、技巧将时间灵活而有效地运用，从而达成目的，实现目标。时间管理的意义就是高效地利用时间，用有限的时间做最多的事。

时间需要被科学地管理。对于孩子来说，刚接触时间管理时要让他们对其感兴趣，有了兴趣，他们才会用心学着管理时间。下面我给各位家长推荐一个有意思的时间管理方法。

这种时间管理方法是 15 分钟效率法则。如果你的孩子有拖延症或无法专注学习，那么可以试一试这种方法。这种方法操作起来特别简单，就是强迫自己专注学习 15 分钟。

我们在跟孩子分享这个提高学习效率的技巧时要注意方式方法，可以让这个单调的时间管理方法更具趣味些。或许我们可以试一试这样引入 15 分钟法则。

"学习很枯燥吧，是不是很累了？我们来做一个游戏吧！"

"什么游戏啊？"

"这个游戏就是比赛看看 15 分钟最快可以背几首古诗！咱们比赛，背诵最多的那一个可以得到一个冰激凌！"

"好呀！"

当然，有人会说这是理想中的对话，如果孩子不感兴趣呢？那么我们可以将学习上的内容换成孩子感兴趣的事情，比如 15 分钟可以跳多少个跳绳，15 分钟可以完成几件事，如写明信片、整理书桌、收拾房间等。这个游戏的目的是让孩子懂得一个道理：当一个人专注做事时，时间会过得更快，效率也会更高。当孩子做完这个游戏时，我们再跟他讲解 15 分钟效率法则，让他知道时间管理的魅力。孩子了解了这个时间管理方法，将来就可以学以致用，独立完成。

那么 15 分钟效率法则的步骤是什么呢？现在我们来具体看一下。

第一步，选出一件自己要做的事情，明确目标。

第二步，在这 15 分钟里，屏蔽掉所有的干扰，集中精神只做一件事。

第三步，在没有任何干扰的情况下连续做 15 分钟。

第四步，15 分钟后，可以选择继续做这件事或者去做其他事。

邻居思扬就喜欢用 15 分钟效率法则来让儿子集中注意力。让我们一起来看看他是怎么做的吧。

思扬的儿子小磊每次写作业都很磨蹭，往往一个小时就能完成的家庭作业，他花费 3 个小时才勉强做完，并且每次他都困意满满地拿着作业本走到爸爸面前让他检查作业。于是思扬也拖着疲惫的身体检查作业，往往等他检查好时，小磊已经躺在床上呼呼大睡了。

时间一长，父子二人看到作业便如临大敌，孩子依旧我行我素地拖延时间，爸爸则竭力控制自己的脾气不发火，双方都忍耐得很辛苦。终于有一天，思扬觉得再这样下去他的高血压要犯了。于是，他想，或许可以训练下孩子的专注力，让他知道节约时间的感觉是非常棒的。

他对儿子说："小磊，想不想踢足球？楼下的球场刚修了草坪，想不想去试试？"

小磊又惊又喜，立即放下写作业的笔，说："好啊，那我不写作业了，咱们去踢足球吧！"

思扬摇摇头，说："作业得先写完，如果班里其他同学都写完了，只有你没写，那你会被全班同学笑话的。"

小磊蔫了，闷闷不乐地说："可是写完作业天都黑了，球场早关门了。那怎么办啊？"

思扬想了想，眼睛一亮，对儿子说："有了！爸爸有一个好办法，能让你快点写完作业！想不想试试？"

小磊连连点头，拍手称快："这下好了，快点写完我就可以和爸爸去踢足球了！"

思扬拿出手机，将计时器设置成 15 分钟，然后对儿子说："小磊，咱们先玩一个 15 分钟快速写作业的游戏。当我按下开始键时，你就马上写作业，这段时间不会有任何事情干扰你，你也不要想任何事，就一心一意地写数学作业，看看这 15 分钟你能写多少。你可以先准备一下，快速地将数学作业本拿出来，再准备好铅笔和橡皮，还有需要用到的直尺和演算纸。准备好了，爸爸就要按开始啦！"

小磊动作很快，按照爸爸说的一一准备好了，然后在爸爸的一声号令下奋笔疾书，做数学题。

时间一分一秒地过去了，爸爸拿着手机站在孩子旁边，看着他做题。很明显，他做题的速度比以前快了很多，注意力也非常集中。15 分钟很快就过去了，他手中的笔没停。又过了 20 分钟，他放下手中的笔，问："爸爸，15 分钟还没有到吗？我已经把数学作业写好了！"

思扬按下了计时器，拿给儿子看，说："已经快 40 分钟了，你真厉害，竟然把数学作业全都写好了！刚才到 15 分钟时，爸爸看你太认真就没打扰你。你看，这样写作业是不是很快！"

小磊笑着说："再试一次！爸爸，我现在要写英语作业了！我准备好了，快点按开始吧！"

就这样，小磊在 15 分钟效率法则的帮助下很快写完了作业。思扬便按照约定，带着他欢欢喜喜地去球场踢足球了。玩累了，父子二人就坐在球场边上休息，小磊依旧很开心，对爸爸说："爸爸，这真的太好了，我最喜欢踢足球了，如果每天都能和你一起踢足球就更好了！"

思扬笑着说："当然可以了，如果你每天都能按时完成学习计划，写完家庭作业，爸爸都可以带你出来玩。"

小磊点点头，说："以后我还按照今天的方法写作业，这样就可以很快写好了！爸爸，你的方法可真厉害。"

思扬这时才给他讲解时间管理的意义，他说："小磊，这就是时间赠予咱们的快乐时光了。想要玩得好，就得好好管理自己的学习时间。学习效率高，用的时间就少，那么余出来的时间是用来踢足球，还是用来吃甜点，都由你决定。是不是很开心？"

小磊站起来说："爸爸，我要学，你快再教我几个方法，我也要学着管理自己的时间！"

家长在引导孩子了解时间管理的意义时也要像案例中的思扬一样，懂得循序渐进，让孩子在实际做事中知道合理安排自己时间的作用，当做事效率提高时，他们就知道珍惜时间，好好利用时间了。

正如培根说过的一句话："合理安排时间，就等于节约时间。"

从此刻起，引导孩子学习时间管理吧，合理安排学习时间，争取达到最大的效能！

拖延症的"克星"——番茄学习法

公园里，两个中学生在探讨暑期居家学习的事。

学生 A：今天居家学习的效率怎么样？

学生 B：别提了，一件事都没做成。物理老师留的卷子只写了一小半，他昨天还在微信群里说要拍照上传呢！

学生 A：怎么会这样？你不是从早上开始就写作业了吗？

学生 B：效率太低了，我从早上起床之后就没闲着，叠被、收拾屋子、洗漱、吃饭，好不容易拿出作业本了，发现钢笔没水了，一切都做好后，快递员又打电话叫我出去取快递。

学生 A：你这效率太低了，时间都用在其他地方了，一会儿做这个，一会儿做那个，哪儿还有时间学习？

学生 B：你呢，你怎么样？

学生 A：还不错，每一科作业都做了一些，今天的任务算是完成了。这不，现在能有时间出来和你打羽毛球。

学生 B：啊？怎么可能！我记得你家里还有个 5 岁的妹妹，她不会来打扰你吗？

学生 A：我和她约定好了，让她当我的番茄钟，这小丫头还挺喜欢的，把它当游戏玩儿了。

学生 B：什么番茄钟？

学生 A：对了，你也可以试试这个番茄学习法，很好用！番茄钟是番茄学习法中的重要成员，相当于一个小闹钟，当时间到了闹钟就会响。番茄学习法简单来说就是将学习的任务分成一个一个小单元，每个单元 25 分钟，专注 25 分钟的时间处理一件事，时间到后休息 5 分钟，然后再接着做下个 25 分钟。它的顺序就是 25 分钟学习，5 分钟休息，循环进行。这是一个很好用的时间管理方法，可以提高做事和学习的效率。

学生 B：那我晚上回去试试。

无论处在人生中的哪一个阶段，人们都存在"拖延"和"磨蹭"的情况，感觉忙碌了一天，却连一件正事都没有做。对于学生来说，学习是最重要的，可学习的时间很有限，他们要在一定的时间里学好各科的知识。那么高效地利用这些时间、将学习时间合理安排，就成了他们的主要任务。安排好时间，做好时间管理，才能提高学习效率。

番茄学习法的发明者就是因为学习效率低下，想更好地利用时间，才偶然发现这个好用的方法。下面我们来看看番茄学习法背后的小故事吧！

20 世纪 80 年代末，意大利作家弗朗西斯科·西里洛还在上大学。他的大学生活刚开始很颓废，学习学不进去，写作业没有效率，多次尝试毫无进展，学习上的事情处理得一塌糊涂。有一次，他终于下定决心，要改变现在的学习状态。于是，他和自己打了一个赌，他对自己说："我能学习一会儿吗？——真正学上 10 分钟？"打完赌之后，他觉得自己需要找一个计时教练，不然谁来帮他掐表呢？于是，他在厨房找到一枚厨房定时器，它的形状很像番茄，意大利语叫 Pomodoro。就这样，他邂逅了自己的番茄钟，也逐渐摸索出一种高效的时间管理方法，即他在 1992 年创立的番茄学习法（The Pomodoro Technique）。

那么，这个神奇的番茄学习法是怎么操作的呢？

（1）规划要执行的学习任务，写下任务清单。如果想要做的任务很多，可以按照轻重缓急排列一下顺序，重要的排在前面。鼓励孩子自己将当日要完成的事情写在表格里，让他们自己有一个规划。

（2）找到你的番茄钟。可以是定时器、闹钟或者手机软件上的计时器。此外，还可以找一个像前文中提到的"小朋友番茄钟"，如果家里有较小的孩子，可以带他们一起做"番茄钟实验"。让小朋友充当"番茄钟"，拿着闹钟或计时器，当时间到了25分钟就让他大声喊"停止"！小朋友在配合哥哥或姐姐完成番茄时间的同时也间接接触了时间管理，也算是给他们做了时间管理的启蒙，一箭双雕，何乐而不为？

（3）**开始进行番茄学习**。从第一项开始做起，让番茄钟发挥作用，25分钟后叫停，然后在任务清单写个"已做"或直接画一个"√"。

（4）**休息5分钟**。可以喝水，远眺，发呆，做任何事。5分钟后，进入下一个番茄时间，循环往复。每个番茄时间是30分钟，每4个番茄时间后可以休息长一点，可以按照自己的计划进行休息，一般是15—30分钟。

如果我们在一个番茄时间内做事情时被打扰了怎么办呢？比如出现一个偶然事件，有人敲门，或"小朋友番茄钟"摔倒等，这个时候应该怎么做呢？

当被打扰时首先要分析这件事是否要立即做，如果需要立即做，那么无论当下的番茄时间进行了几分钟，哪怕是刚开始或者即将结束，也要立刻停止，宣布这个番茄时间作废，并在任务清单上标记出来。然后立刻着手去处理要做的事，开启一个新的番茄时间。如果这件事不需要立即终止现在进行中的番茄时间，比如"小朋友番茄钟"摔倒了，就立即把"小朋友番茄钟"扶起来，接着在任务清单上标记上"被打扰"，然后继续完成当下的番茄时间。

我们在引导孩子使用番茄学习法时也要注意以下几点：

（1）保持孩子的专注度，告诉孩子一次只做一件事。一件事做完了再处理另一件事。

（2）做任务清单时，要孩子学会按照轻重缓急来排序。将重要的、着急的、有时限性的事情排在前面。

（3）每完成一件事就在任务清单上做上标记，最简单直接的办法是画掉。这种做法可以让孩子了解自己完成任务的情况，增加成就感，当一切都完成后，心理上也会放松。

（4）告诉孩子，如果学习上的事情很多，各个学科的作业都堆积在书桌上，不要烦恼，也别拖延，将事情一点点捋顺，整理要做的事，变复杂为清晰，变无序为了然。

（5）坚持下去，不要忘记番茄钟的作用，养成管理时间的好习惯。神奇的番茄钟不仅可以治好西里洛的拖延症，让他找到高效的番茄学习法，它还可以让我们的孩子越来越优秀。任何事情只要坚持下去，就会有丰厚的回报。

人人都说"万事开头难"，但也有那句"千里之行，始于足下"，既然我们尝到了"番茄钟"的甜，那么就应该将它分享给孩子们。

现在的你也许还在被孩子拖延时间困扰着，在熬夜批作业，那么不如先写一个计划表，不用很复杂，三列即可，第一列是序号，第二列是规划任务清单，第三列为完成程度。设计好后，第二天清晨就将神奇的番茄钟分享给孩子，并且邀请他们参与番茄时间，按照前文中提到的步骤进行番茄学习。

在引导孩子"吃番茄"时，要注意父母的陪伴，可以融入一些亲子交流。比如父母和孩子一起安排番茄时间，当孩子写下自己的学习任务清单时，父母也记下他们的家庭工作清单，然后当番茄钟开始时，大家一起专注地去执行。在这里，父母要专注自己的事，切记不要打乱孩子的番茄时间，给他们看似善意的干扰，如提醒孩子专注一些，注意看题等。

此外，在番茄时间结束后，父母也要引导孩子检查任务清单，最好的做法是互相检查，孩子检查大人的任务完成情况，大人查看孩子的学习完成情况。同时让孩子进行自我评价和总结：评价自己做每项任务的时间里是否专注，效率是否高；总结经验，说出需要改进的地方。当然，在孩子做得很好时，我们也要毫不吝啬地夸奖，让他们更有自信和动力。

番茄学习法应用在孩子的学习中的确可以让他们高效学习，让孩子尝到时间管理的甜头。但是想要坚持到底，完成得好，就需要孩子用心去学，去练习。这是一个长期坚持的过程，很值得期待。

引导孩子制订学习计划

动画片《小王子》中出现这样一幕，妈妈为了让小女孩考上名校，给她制订了时间计划表。这个时间计划表安排了这个小女孩一生要做的事，从每分钟到每小时，每一天，每一个星期，每一个月，每一年，到她的一生。妈妈告诉小女孩："你的一生都在这个计划里了，只要你有条不紊地去做计划好的事情，就能成为一个优秀的大人。"

《小王子》里的这位妈妈代表了一部分强势的家长，他们将子女的一切都安排好，甚至为他们计划了一生。这看似是对孩子好，实际却存在许多弊端，即使孩子愿意配合，长久下去也很压抑，对他们性格的养成很不利。孩子会变得没有主见，不能独立做事，甚至会出现"讨厌父母"的心理。

诚然，制订学习的时间计划表是在管理孩子的时间，让他们的学习更高效。很多家长认为计划就需要家长帮忙做，如果交给孩子做，那他们绝对会在计划表上写满自己要玩的事。而有一部分家长坚持锻炼孩子自己做事，学习时间计划表也鼓励他们自己制订。

邻居小杨就是其中之一。她在暑假第一天就让儿子宏宏独立制订暑期学习计划表，并且对他说："暑假时间就交给你了。你可以自己安排学习和生活的时间，动手做一个学习时间计划表。当然了，如果你需要妈妈帮忙，尽管开口，妈妈会和你一起找到解决问题的方法。现在，开始吧！"

于是，宏宏花了一上午的时间画了一个计划表，表格设计得很简单，第一列是时间，第二列是要做的事。内容只有两项，学习和出去玩，并且出去玩的时间比学习的时间长。

第一天，他按照自己制订的时间表执行，学得很开心，玩得也很尽兴。第二天也是如此。到了第三天，小杨对他提出了要求："儿子，除了每天要完成的作业，今天必须要完成一个目标！将语文老师留的作文写出来，晚上 5 点前要发到微信群里，之后同学们还要互相点评！"

听完妈妈的话，宏宏在计划表上加上了"写作文"。他认为这个很重要，于是给排在了首位。但他没有思路，不知道怎么写，不知不觉中就将一上午的时间浪费了，作文本上只写了一句话，还被他画掉了。由于他心里惦记着未写完的作文，午休也没休息好，就连吃饭和出去玩都心事重重，一点都不尽兴。

小杨看到宏宏闷闷不乐，于是跟他说："孩子，你在做学习计划时要注意，不要让你的计划陷入头重脚轻的陷阱里。你把最难的事情排在前面，一下子就把自己难住了，接下来是不是没心情做别的了？"

宏宏点点头，说："是啊，妈妈，我整天都在想那篇作文，吃也没吃好，玩也玩不好，最后连基本的作业都没写。"

小杨说："咱们一起总结一下吧。你在计划表上写的学习，它代表的是所有关于学习的事情吗？只写学习两个字，你也不知道有哪些具体的内容，你觉得应该怎么办才能让人一看就明白呢？"

宏宏想了想说："那我把每种作业都写上，详细一点，比如，数学作业分为复习课堂笔记和写卷子，英语作业分为背课文、背单词、做题。"

小杨赞许地点点头说："以后再出现像今天写作文这样的事情该怎么办呢？"

宏宏说："我把写作文放在后面，把语文作业安排在前面，多看点书，写完语文作业再去写作文。"

小杨说："这也是一种办法。做计划虽然要懂得区分轻重缓急，但也要注意难易程度，可以由易到难，学习也能渐入佳境。好了，那按照刚才咱们讨论的，你去制订明天的学习时间计划吧！"

宏宏高兴地点点头，拿起笔开始做计划。

事实证明，学习时间计划由孩子亲自去做，效果会更好，这样既锻炼了孩子主动做事，还让他们懂得管理自己的时间。只是，还要注意齐加尼克效应的影响，做计划不要头重脚轻，影响做事效率。

那么什么是齐加尼克效应呢？

法国心理学家齐加尼克曾做过这样一个实验。他选取两组人，让他们分别完成 20 项任务。在两组人分别做任务时，给予第一组人员帮助，让他们顺利完成工作；而对另一组人进行干扰，不让他们顺利完成。

实验结果显示，这两组人在接受任务后都会处于紧张状态，任务顺利完成的人，这种紧张状态会随之消失；而那些没有完成任务的人，紧张状态会持续下去，接下来，无论他们做什么，心里都会想着没做完的工作任务。这就是齐加尼克效应。

那做时间计划时，什么叫作陷入头重脚轻的陷阱呢？

我举个好理解的例子：我们都有过考试经历，试想一下，当我们拿到卷子的那一刻，按照惯例，是不是先从第一道题开始做起，但假如这第一道题很难呢？我们起先不知道它很难，做了 10 分钟发现解不了，那我们是不是就开始紧张了？因为考试时间是有限的，而我们刚刚花费了 10 分钟却没解出第一道题！那么接下来正常考试中我们都会对这一道没解出来的题耿耿于怀，且紧张状态倍增，害怕因为耽误的这 10 分钟做不完整张卷子。

做时间计划时也一样，如果在时间计划表中安排在前面的都是极难的，那么孩子在执行计划表上的学习任务时就会被"刁难"在开头，就算最后解决了，相应地也耗费了大量的时间，后面的学习任务就有可能被推迟或取消。因此，我们在引导孩子做时间计划时要避免头重脚轻，适当"头轻脚重"。

什么叫"头轻脚重"呢？

比如，让孩子自主安排暑期学习的时间计划，要建议他们将简单的内容放在前面，如朗读或整理学习会用到的东西。因为一天的学习开始时会不在状态，安排一些简单的学习内容，让孩子可以慢慢进入学习的状态，由易到难，循序渐进。

家长在鼓励孩子自主制订学习的时间计划时，可以做孩子背后的"军师"。当他做好一个学习计划表，我们便一起对计划进行评估。可以让孩子率先评估自己安排的日程表，估算出完成每一项任务需要的时间，等真正执行计划时，再将自己估算的时间与实际花费时间做对比。

总之，学习时间计划的制订要以孩子为主、家长为辅，逐渐让孩子养成自主制订学习计划的习惯，根据自己在执行计划时遇到的问题，有针对性地修改。

适合自己的学习计划是靠一次次打磨而成的，我们要对孩子有信心！

碎片时间的合理利用

时间就像海绵里的水，只要挤一挤，总会有的。善于时间管理的人可以利用有限的时间做好多事，也能把控好生活中的多数时间，包括那些毫不起眼、稍纵即逝的碎片时间。

德国物理学家雷曼说过这样一句话："每天都不浪费剩余的那点时间，即使只有五六分钟，如果得正用，也一样可以有很大的成就。"

找到自己的碎片时间，给它安排合适的用途，日积月累，也是提高时间利用率、实现自我提升的方法。

亲戚中有不少人知道我利用工作之外的时间写作，有一次在家族聚餐时我被问到是怎么做到的，这位亲戚说："你平时工作那么忙，下班回家还要照顾小宝宝，你哪儿来的时间写作呢？"

我对他说："我只是将一切碎片的时间充分利用起来了。每天清晨提前半小时起床用来思考今天的文章应该怎么写，简单地记下写作思路和大纲。然后利用白天的碎片时间，比如上下班坐地铁的时间有 15 分钟，在保证安全的前提下用写作 App 敲字，能写 400—600 字。再就是中午的休息时间，这个时间相对来说比较长，除去吃饭和饭后散步，有 40—60 分钟完全空闲的时间，这部分时间专注写作可以写 1000—1500 字。到了晚上，宝宝睡觉后，我还可以抽出 30—60 分钟进行睡前写作。最高效率的纪录是一个月之内写了 10 万字。"

3 个月后，表哥带着侄子来我家做客，侄子跑到厨房对我说："小姑，我这几个月英语进步很快，这次期末考试得了 95 分！"

我笑着拍了拍他的肩，欣慰道："你做得很好，进步很快啊！你跟姑姑分享一下是怎么将英语分数提高这么多的？"

小侄子兴奋地说："姑姑，是您启发的我啊！上次听您说自己是利用碎片时间完成写作的，我好佩服，当时就下定决心向您学习！我选了两个碎片时间背英语单词，第一个是等地铁的 8 分钟，第二个是等学校派餐的 10 分钟。我提前将要背的英语单词写在便笺上放在衣服兜里，当碎片时间来了时就拿出便笺背单词，这 3 个月背了 1000 多个单词！"

没想到我无意间分享的碎片时间写作法被小侄子学会了。他跟着模仿，学以致用，自己找到碎片时间来背单词。这种感觉太奇妙了！我赞许地说："小阳，你做得很棒，姑姑很高兴能给你启发。"

侄子又说："姑姑，还有呢，我还利用每天睡前的半小时看喜欢的课外书，这 3 个月我读了两本，妈妈还说要给我买喜欢的书！姑姑，这个碎片时间学习法可真好，我感觉自己比同学多出很多时间！"

我点点头，说："将碎片时间利用好，坚持下去，用不了多久，你就会尝到时间管理带给你的甜头。你做得很好，要继续坚持下去啊！"

侄子开心地点点头，大声说："嗯，我会的！"

其实，我们对身边孩子的影响是很大的，我们怎么对待时间，孩子就会怎么模仿。在坐地铁时，我曾看到有的孩子在玩手机、刷视频，同样，孩子的父母也在刷手机视频或玩手游。我也曾看到孩子在地铁上看绘本，孩子的母亲则拿着一本厚厚的会计书做题。父母于孩子的影响是立竿见影的，我们在做什么，孩子则会模仿什么。我们争分夺秒，不想浪费每一分钟，那么孩子也会主动学习高效利用时间的方法。

既然我们要合理利用碎片时间，那么，碎片时间的利用有哪些注意事项呢？

首先，为碎片时间找到合适的用途。

第一步，整理碎片时间。让孩子将自己认为的碎片时间写在纸上，列一个碎片时间清单。比如，孩子早上吃完早餐后，等候爸爸开车送他上学的10分钟就是碎片时间。（这里需要注意的是，碎片时间并不是我们所有的空余时间，不能将休息时间缩短来增加剩余时间。）

找到碎片时间后，要为这些碎片时间找到合适的用途。有的孩子想要用碎片时间做卷子就不合适，因为碎片时间太短，做卷子需要相当长的固定时间。碎片时间可以做一些耗时少、随时可被打断的小事，比如，背英文单词、背古诗、背数学公式等。

其次，学会化零为整，将碎片时间所学的东西串联起来。

每一个碎片时间学到的东西就是一颗珍珠，化零为整就是找一个专门的时间将一颗颗珍珠穿起来。举个例子，如果孩子选择利用碎片时间背单词，那么就需要让他们知道单纯地背单词效果不大，要抽时间将单词和课本知识串联起来，定期复习，将单词应用在写作文或看阅读理解中。

最后，定期整合碎片时间学到的东西，反省所做的事情效率是否高。

试着引导孩子按照学习习惯制订碎片时间反省计划，可以每一周进行一次，也可以每一个月进行一次，总结和归纳这一周利用碎片时间学到的知识，查验是否有效果，可以用做题来验收成果。

此外，可以鼓励孩子跟同学分享自己利用碎片时间学习的心得，交流高效利用碎片时间的方法，吸取经验，丰富自己的碎片学习方法，提高学习效率。

我们常说"细节决定成败"，在时间管理中，碎片时间就是"细节"。不要小看碎片时间，将它们积累起来，每一天也能整合出大概3个小时的时间，如果能充分利用，长年累月地坚持下去，那么我们必定会收获很多。

从现在开始，把碎片时间利用起来吧！

做一个小小的时间管理大师

我们都知道，能够掌握自己时间的孩子，将来才会更好地掌握自己的人生。学习的效率不在于学习时间长短，而在于能否高效利用有限的时间。因此，让孩子掌握一些有效的管理时间的方法很有必要。

下面，我给大家分享几种有效的时间管理方法，希望对孩子学习时间管理有帮助。

（1）四象限法则。

四象限法则是美国管理学家斯蒂芬·科维提出的时间管理方法，我们可以将它应用在孩子学习上。让孩子将要处理的事情按照紧急、不紧急、重要和不重要的排列组合分成四个象限。

第一象限是紧急而重要的事情，这一部分的事情往往是紧急发生，且影响巨大，不能被拖延，需要优先处理。比如，老师让孩子马上写一篇母亲节作文，要给报纸投稿，投稿截止日期为当天晚上 12 点。那么这件事就要排在首位，优先解决。

第二象限是很重要的事，但不具有时限性，没有时间限制。对于这类事情，可以先做规划，以后再执行。

第三象限是不重要但是很紧急的事，这一类事情可以自己做，也可以委托他人去做。

第四象限是不重要且不紧急的事情，对于这样的事情，孩子可以完全忽略不去做。

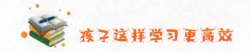

（2）二八法则，即 80/20 时间分配法。

孩子的时间和精力是有限的，想要他们处理好每一件事情是不可能的。要让孩子抓住重点合理安排时间，将精力放在那重要的 20% 上面，让这 20% 的效率带动 80% 的发展。

时间管理需要抓主要矛盾，做最重要的事情。有些学生的学习方法不对，做了很多没有效果却浪费时间的事，比如盲目刷题，耗费时间却不能提升成绩。而有些学生能够抓住那 20% 重要的事情，深挖所做题型的原理，找到老师出题的技巧，做到举一反三，那么处理了这 20% 的事情就能达到 80% 产生的效果，相当于用 20% 的时间取得了 80% 的成绩，以小博大，效率达到最高。

（3）1 万小时定律。

作家马尔科姆·格拉德威尔在《异类》一书中提出 1 万小时定律："人们眼中的天才之所以卓越非凡，并非天资超人一等，而是付出了持续不断的努力。1 万小时的锤炼是任何人从平凡变成世界级大师的必要条件。"

天才之所以成为天才，并不都是天赋异禀，完全靠智商，很多是经历了长时间的训练，能够坚持不懈，持之以恒。

如果一个孩子肯每天花费 3 小时额外的时间去学习，专心利用这 3 小时，日日不间断，那么 10 年之后必定会有成效，考上理想中的学府。要让孩子懂得坚持到底的可贵，时间的积累会给他们带来质的飞跃。

（4）九宫格日记法。

九宫格日记法可以平衡孩子学习和生活的时间，让学习更有效率，家长可以教孩子用神奇的九宫格管理好自己的时间。

首先让孩子在纸上画上一个 3×3 的九宫格，在中间的格子写上"我的计划"或最终要达成的目标。接着在附近的 8 个格子里写上要完成的事情，可以将自己觉得很重要的事情写出来，按照家庭、学习、健康、爱好、社交等分类，然后分别在每个格子里写上相适应的目标，最后按照九宫格里的目标执行。九宫格计划可以做周计划、月计划或年计划。等计划的时间到了的时候，让孩子检验计划完成的情况，及时做总结，再制订下一个九宫格计划。

（5）吞青蛙法。

学习时，孩子们总会遇到不想面对的问题，比如那些偏文科的学生在面对数学时很头疼，一见到数学题就从心理上厌烦，觉得完全在浪费时间，根本学不会。可教育需要全学科平衡发展，每一科都很重要，只有将每一科都学好，总分数才会提升得快，因此，数学不得不学，也必须要学好。那怎么办呢？

越是学不会，就越要下功夫，将数学当成一只青蛙，然后一口吞掉它。丑陋的青蛙都吞掉了，后面就没有让人难受的事情了，学习起来也心情舒畅。

对于偏科的同学来说，他们就有必须要吞掉的"青蛙"，正如伯恩·崔西在《吃掉那只青蛙》一书中写道："如果你必须吃掉一只青蛙，不要长时间盯着它看。如果你必须连着吃掉三只青蛙，记得要先吃掉最大、最丑的那只。"如果偏科的同学每天都能将最难为他们的学科吃掉，攻克了最难而又很有意义的题，那么接下来他们的学习会更高效而愉悦。

（6）GTD 法则。

GTD 即 "Getting Things Done" 的缩写，意思是 "把需要做的事情处理好"。它要求我们提前将要做的事情整理好，并且记录下来，然后合理安排这些事情，按照计划一一实现。GTD 的操作步骤为收集、厘清、整理、回顾、行动。

收集就是将近期需要处理的事情罗列出来，一一记录在列表里。

厘清是判断收集的材料是否具有可行性，预判做这件事需要花费的时间。

整理是将事情按照类别整理出清单，方便观看。

回顾是定期检查更新，将新增加的事情更新进去。

执行，任何计划只有被执行才能发挥作用，现在就可以选择清单上的事情去处理和解决了。

一般来说，当孩子有很多学习问题需要解决时，尤其在暑假前，各科老师都会布置家庭作业，孩子们会觉得突然间有许许多多的事情要做，并且要在开学前完成，难免会心生烦闷，总觉得有杂事萦绕在心头。那么这个 GTD 法则即可将这种学习带来的心理压力解除。它是怎么解除的呢？让孩子将作业按照学科一一记录下来，并且分配到每一天进行。当划分好后，他们会发现作业也没有自己想象中那样繁杂。那还有什么可烦的呢？一切都按照计划进行就是了！

（7）冥想 5 分钟法。

学习很累，放松心情必不可少。

冥想是最佳的放松方法，冥想 5 分钟等于熟睡一小时。冥想并没有我们想象的神秘，可以让孩子在学习之余通过冥想 5 分钟来放松。现在让我们一起来看一下冥想 5 分钟是如何进行的。

首先找到一个安静的地方，可以在学校空旷的操场上，夜晚寂静的星空下，海浪拍打的沙滩上，或者只是在卧室里的椅子上。闭上眼睛，放松，试着做 5 个深呼吸。

吸气，深深地吸气，默默数数，从 1 数到 5。停顿一下，然后呼气，长长地呼出去，依旧像吸气时数 5 个数。停顿一下，再次进行吸气和呼气。5 次深呼吸后，回味一下，是不是烦恼和沉重的心情已经在刚才的一呼一吸中慢慢排出去了，好似杂念被排空，心无旁骛了，现在又可以集中精神学习了？尝试一下，孩子会感受到心情的变化的。

第 4 章

找到自主学习
的驱动力

孩子，学习不是为了父母

或许此刻，在我们让孩子快点写作业、抓紧时间做题时，他们心中会浮现出这样一个问题："我到底为什么要学习？我学习是为了谁？"

这充分反映了当下孩子在学习时的一种现象，那就是学习主体混淆。

什么是学习主体混淆呢？学习的主体分明是学生，可四处奔走寻找高效学习方法的是家长，给孩子制订学习计划的是家长，让孩子完成家庭作业的是老师，给孩子制订学习目标的是老师，敦促孩子好好学习的还是家长和老师……可以说，原本该孩子独立完成的事情，现在都要依靠他人来完成，尤其是父母，他们几乎包办了孩子所有与学习相关的事情，大到学校的选择，小到孩子用哪支铅笔，事无巨细，都大包大揽，孩子反而成了家长的"工具人"。所谓工具人，就是家长将学习相关的所有事都准备好了，孩子只需要执行，不能反驳，更不能抵抗。

成为"工具人"后，他们是被父母操控着学习的，学得慢了会被催促，学得不好会被责骂，学得不如其他人好会被比较，学得很好会被炫耀。他们自然会认为学习是为了父母。

这个时候就需要家长转变思维，将学习的主体还给孩子，让他们开始为自己制订学习目标和学习计划，选择适合自己的学习方法，主动思考解决遇到的问题。要知道，只有家长"变笨"了，孩子才会"变聪明"。

思楠的妈妈就在她面前将"守拙"进行到底，在她面前表现得很"笨"。在她上小学的时候，妈妈会拿起她的英文课本，很认真地看，一边看一边在笔记本上记着什么。起先她很好奇，不明白妈妈为什么这么做，她本以为妈妈会主动说，可过了一个月，她发现妈妈依旧如此，好奇心就更重了，于是她问："妈妈，你为什么要拿着我的英语课本看啊？"

妈妈听到她问，脸突然红了，有些不好意思地说："妈妈小时候学的是俄语，没学过英语，我想学一学。可是妈妈有好多单词都不会读，音标也不会，不知道自学得对不对。你能给我讲讲吗？"

思楠一听，笑了笑，拍了拍胸脯保证，说："交给我吧！妈妈，你哪里不会啊？我现在教你。"

妈妈打开英语课本翻到第二单元，指着一处说："就是这里，这个单词我不会读，不知道在这个句子里怎么翻译。"

思楠看了看妈妈指着的地方，说："这个单词挺难记的，我要先看下课堂笔记复习一下再给你讲。"

妈妈点点头，说："谢谢宝贝，妈妈一定好好跟你学。"

看着妈妈满眼的求知欲，思楠瞬间感觉有了责任感，暗中下决心要好好给她辅导。

从那以后，思楠每天放学都要教妈妈读英语，给她讲单词的固定搭配。她害怕讲错了，又担心讲不明白，因此上课时更认真地听老师讲课，努力记课堂笔记，晚上给妈妈"讲课"前还好好复习一遍。遇到不会做的题，她还会和妈妈一起分析，找到解题思路。就这样，她养成了给妈妈讲课的习

惯，没想到这样学习效率非常高，英语成绩几乎次次满分。

除此之外，在学习上，妈妈很尊重思楠的决定，会鼓励她自己制订休息日的学习目标，上兴趣班也尊重她的天性，让她选择自己喜欢的。至于什么时间写作业，怎么分配课余的时间，妈妈都尊重思楠的选择，让她对自己的学习负责。

渐渐地，思楠养成了自主学习的好习惯，等她再大一些时，她的理解能力和认知水平都有了很大的提升，她更坚定了自己学习的目的，知道学习是为了自己、为了更好的未来、为了遇见将来更优秀的自己。

正是因为思楠妈妈对孩子学习的"放手"，让自己"变笨"一些，才让孩子有机会给妈妈"讲课"，更高效地消化所学到的知识。只有适当地放手，让孩子真正成为学习的主体，他们才能自己主动去学习，思考怎么才能高效学习。

提起学习，父母似乎永远比孩子更上心，认为孩子太小，什么都不懂，需要他们给予帮助，替孩子做一些重要的决定，比如上什么兴趣班，参加哪些比赛，以及长大后考哪所大学，学什么专业。他们认为提前替孩子做出决定，孩子会少走一些弯路，会多出一些学习时间。但他们并不知道，那些"弯路"才是孩子走向自主学习的重要步骤。

让孩子明确自己学习的目的，知道学习就是为了自己。我们要引导他们知道，虽然未来可以"条条大路通罗马"，但读书和学习可以让他们有更多的选择。他们读过的书、学到的东西、走过的路，都是未来可以选择的资本。

其实，我们让孩子多读书，好好学习也是为了他们将来能有更多更好的选择，可以生活得更好。但我们在处理孩子学习的问题时总是控制不住地介入过多，在学习上，我们做得多了，孩子自然会做得少，只有选择时机放手，让他们自己去做，他们才能成长。

用兴趣驱动学习的原动力

爱因斯坦曾说过："兴趣是最好的老师。"孔子也曾写下："知之者不如好之者，好之者不如乐之者。"兴趣在学习中具有举足轻重的地位，它可以激发出孩子身上对学习的自驱力。

那么什么是学习的自驱力呢？我认为它是一种内在的原动力，可以让孩子发自内心地去学习，主动去探索，去解决学习上的任何问题。

任何外力都比不过孩子本身发出的驱动力，被逼迫而产生的动力是有限的，一般来说持续不了多长时间，除非这种被逼迫学习的行为已经成为一种习惯，深入骨髓。想要持久的学习驱动力，还是需要自发形成。

想要一个孩子主动去学习，自发地攻克学习时遇到的难题，需得找到他们感兴趣的切入点，用兴趣做引。只有孩子感兴趣，存在好奇心，他们才会主动去学习。

我的侄女有个要好的同学叫馨馨，馨馨很喜欢海洋生物，对神秘的大海充满兴趣，经常和侄女相约去海洋馆。有一次，馨馨参加了珊瑚馆的小小科普员活动。为了能够顺利地完成这次任务，她主动查阅相关的资料，包括珊瑚的种类、它生长的地方、怎么捕食等。不仅如此，她还翻字典查出珊瑚和各种热带鱼的英文，然后上网搜读法，主动扩展知识。

海洋馆里鱼类的英文名很长、很难记，但馨馨似乎一点都不觉得这是问题，背一遍记不住，那就再多记几次，直到能够流利地把各种鱼和珊瑚的名字读出来为止，且乐此不疲，非常开心。

一个星期后，馨馨来到珊瑚馆当科普员，当有游客从她身边走过时，她就会主动说出她身后珊瑚的科普故事。由于她准备得很充分，第一次科普很成功，说完后，还赢得了游客的掌声，大家都说这个小女孩讲得真不错！得到了游客的表扬，她备受鼓舞，于是更加卖力地去为游客科普。

馨馨利用休息时间去珊瑚馆给游客做科普，她的妈妈很支持，给她买了有关海洋生物的绘本和帆船模型。她说："既然孩子喜欢，对海洋生物感兴趣，我就应该支持她。这对她的学习也有益处，会使她主动查阅资料，做出自己的计划，还会主动学不认识的单词。她对学习海洋知识这么有兴趣，为什么要制止呢？"

不过，和馨馨一起做科普员的同学苒苒就没有这样幸运了，苒苒的妈妈认为周末应该抓紧时间复习，去海洋馆就是耽误时间，学那些跟考试无关的东西没用。苒苒对海洋生物的学习兴趣就这样被扼杀在摇篮里了。

苒苒的妈妈没有意识到兴趣对学习的重要性。孩子因为感兴趣而主动去学的时候，就是他们对学习产生了驱动力，这时，学习就是一种主动的行为，他们会主动想办法解决遇到的难题。如果家长认为孩子感兴趣的事情一无是处，是浪费时间和精力，势必会打击他们的自信心和自尊心。

缺乏兴趣的学习是枯燥乏味的，孩子就算按照家长的要求去做，那也是"身在曹营心在汉"，耗费再多时间也是徒劳。

由兴趣产生的学习驱动力是具有巨大力量的。比尔·盖茨从小就对电脑痴迷，经常和好友保罗探讨和研究电脑的事情。他们用自己弄来的芯片摆弄出一台机器，用来分析城市交通监视器上的信息。比尔·盖茨对电脑的浓厚兴趣给了他无限的动力，他开辟了 PC 软件业的新路，继而创建出自己的商业帝国。

英国生物学家达尔文从小对昆虫感兴趣，废寝忘食地研究，痴迷昆虫的感觉就像星火，坚持下去就形成了燎原之势。他所著的《物种起源》开创了生物发展史的新纪元，他提出的进化论，改变了人们对世界的看法。

再想想姚明对篮球的痴迷，乔布斯对电子设备和各种仪器的热爱，这些都是由兴趣引发的求知欲。有了兴趣，学习起来就更省力、更主动。

想要保持孩子的学习自驱力，就需要顺应孩子的天性，尊重他们的兴趣，守护他们的好奇心。那么，具体应该如何做呢？

第一，让孩子保持对学习的兴趣，用新鲜的东西吸引他们，而不是反复使用重复的方法。

一时兴起的兴趣并不能让孩子产生持久的驱动力，要将兴趣转化成热爱，持久地热爱才会有源源不断的学习和探索的欲望。孩子对新知识的好奇心很重，但也很容易失去好奇心，因此，老师在安排教学课程时都会设计一些新颖的角度给学生传授知识，让他们对所学的知识产生兴趣，并且通过不断地改变和创新刺激学生学习和记忆。

第二，对于孩子的兴趣，父母不要打压。

当孩子对某件事感兴趣时，我们首先要做的不是打压，不要错误地断定孩子的兴趣对学习没有任何帮助。孩子对感兴趣事情的痴迷也是培养学习习惯的过程。对于他们感兴趣的事物，他们会主动去探索，想办法获得自己想要了解的东西，了解的同时也是在学习。我们要做的是将孩子的兴趣引到学习知识上。

比如，孩子喜欢看小说。这个兴趣如果处理不好的确会耽误学习。此时，我们可以让孩子尝试自己写小说，将孩子的兴趣从看小说引到写小说上，而想要写好小说首先要学好语文，写好作文。像这样，找到兴趣与学习相关联的地方，就可以将孩子原有的兴趣转移到学习中去了。

第三，对学习的兴趣可以培养，让孩子尝试做个实验，叫"兴趣暗示法"，变枯燥为有趣。

如果孩子对学习完全不感兴趣，只觉得那是一件令人感到痛苦的事，那么可以试着和孩子做一个叫"兴趣暗示法"的实验。让孩子选择一门学科做实验，告诉自己很喜欢这门课，用自我暗示的方法让自己对这门课多一些关注，鼓励自己在课堂上和老师有互动。当孩子变得积极，老师也会受到鼓励，继而会对这个孩子增加关注度。而孩子得到老师更多的关注后，也会更有动力去学。

第四，建立学习兴趣的基石。

当孩子成功解决问题的概率增大，受到老师和家长的表扬增加，自信心提升了，对学习的兴趣自然也会增加，这是一个良性循环。

第五，父母也要对学习保持兴趣，对未知的事物存在好奇心，当孩子提问题时，不要觉得麻烦，要和孩子一起探索世界。

现在，由于生活和工作压力的加大，很多家长都没有时间去陪伴孩子。面对孩子提出有关学习的问题时，有的家长为了节省时间会直接告诉孩子怎么做，这样孩子只是得到一个结果。高效的做法是和孩子一起寻找问题的答案，让他们对所学的东西产生兴趣。比如，在做应用题时，直接告诉孩子怎么解答，写好解题步骤，这样没有意义，孩子直接看答案也可以。这时

不如换一种思维，将应用题模拟化，如做鸡兔同笼的题，可以真的去乡下观察，看看真实的动物。

孩子一旦找到学习的兴趣，每天都做自己热爱的事情，那么学习的自驱力就会在心底生根发芽，使他获得源源不断的动力。

成为孩子触手可及的榜样

　　培养孩子的自主学习能力，父母的言传身教起着至关重要的作用。处在探索阶段的孩子很喜欢模仿身边的人做事，他们在模仿上的潜质是巨大的。身为父母，我们要给孩子做一个好的榜样，在学习和生活中发挥榜样的力量。

　　对于孩子而言，榜样就像是一盏明灯，可以指引他们前行的方向；也像是一缕阳光，为他们照亮彷徨的道路。

　　杨绛先生曾说过，好的教育，榜样的作用很重要。

　　在教育女儿方面，杨绛和钱锺书将以身作则和言传身教发挥得淋漓尽致。他们十分热爱读书，女儿在耳濡目染中也学会了自主读书，对读书产生了浓厚的兴趣，不管怎么样都不会丢开书本。爱看书的父母必定会培养出爱看书的孩子，孩子就是父母的镜子。

　　想要孩子潜移默化地学习，提高自主学习的意识，榜样的作用很大，言传不如身教。

　　小涛进入小学后，主动学习的意识很差，每次做作业都要奶奶三催四请，就算搬个板凳坐在他旁边监督也不行，他一会儿玩玩铅笔，一会儿捏捏橡皮，没写几个字，又想去客厅拿玩具。原本一个小时就能写完的作业，他磨蹭到 3 个小时也才写了一半。不仅如此，小涛在上课时注意力不集中，老师留的作业也记不全，搞得老师和家长都很头疼。

　　奶奶很着急，她将小涛的"事迹"讲给爸爸和妈妈听，希望他们可以找到合适的办法来帮助小涛，提高学习成绩。到了晚上，等小涛睡着后，妈妈对爸爸说："一定要想办法让孩子自己学习，主动去学比我们逼着学效果会更好，好的教育一定要言传身教，我们做父母的也要以身作则。"

爸爸觉得有道理，两个人商量好，只要在家，就拿本书看，妈妈坐在小涛的学习桌前，而爸爸坐在沙发上看，奶奶也戴着老花镜看报纸。

小涛起先觉得没有人催他写作业，很高兴，一会儿拼乐高，一会儿玩变形金刚。等他玩累了，发现爸爸、妈妈和奶奶还在看书，他也有些好奇了，去问爸爸："爸爸，看书有意思吗？"爸爸回答："很有意思啊！"小涛又问："比玩乐高还有意思？"爸爸点点头说："当然，爸爸可以从书里学到很多东西。"小涛想了想，又看了看妈妈，也坐在沙发上拿起课本来看。

刚开始，小涛只看了 10 分钟，可是过了几天，他看到家里人忙完事情都会拿起书来看，他也主动拿书来看了，而且坚持的时间越来越长，也会主动去写作业了。一个月后，他渐渐养成了看书的习惯，有时还会要求妈妈带他去图书馆。

既然榜样的作用和力量如此强大，那么在引导孩子自主学习的过程中父母需要怎么做呢？

首先，父母要保持一颗学习的心，有"活到老学到老"的决心，对未知的事物充满好奇心和求知欲，发自真心地想要继续学习。

好好学习的状态是不可伪装的，有些家长美其名曰和孩子一起学习，但当孩子学习时，他们拿着书根本读不下去，甚至有些家长将手机藏在书里伪装在认真看书。父母保持一颗学习的心，并不是指逼迫自己学不感兴趣的东西，我们可以让自己处于"充电"的状态。比如我有时会在饭桌上跟侄子分享创作的过程。我告诉他，自己也会遇到瓶颈，感觉写的任何东西都不好，陷入自我否定当中。这个时候我不会放弃，会从最基础的地方思考，多看书，学累了出去散散步，平复心情，以此来走出困境。侄子很喜欢和我一起学习，他觉得我身上有一种不服输的精神，让人看着很有力量。在引导孩子自主学习时，父母应首先主动学习新知识，掌握新技能。

其次，让孩子成为父母的骄傲前，父母首先要成为孩子的骄傲，辅导孩子之前，父母要先提升自己。

同事张淼会利用午休时间学习小学三年级的数学课本，一边学一边做笔记。提前学一遍孩子的数学课程是她从孩子一年级就开始的，她认为，只有自己先将课本上的知识学习明白了，全部弄懂了，当孩子问问题时她才能和孩子一起找到答案，研究怎么去做。小学课本上的内容虽然简单，但是让成年人按照小学生的思维学习课本也是很耗费时间和精力的，但是她乐此不疲，一直坚持不懈。期末考试成绩出来后，她被老师邀请做线上分享，向其他同学和家长分享教育心得。张淼在做线上分享时，她的孩子应该是为她感到自豪的吧！她成为孩子的骄傲。相应地，孩子也很喜欢和她一起学习，一起讨论解题方法和技巧，学习成绩一直很不错。

最后，父母在约束孩子的同时也要注意自己的行为。父母在要求孩子学习时，自己也要奋进，努力向上。

托尔斯泰曾说过："在一个家庭里，只有父亲能自己教育自己时，在那里才能产生孩子的自我教育。没有父亲的先锋榜样，一切有关孩子进行自我教育的谈话都将变成空谈。"

父亲在家庭教育中的地位不可或缺，要给孩子一个触手可及的榜样。我认识一位父亲，他下岗时两个孩子还在上学，一个刚上初中，另一个上小学五年级。当年他的确分到了一笔补偿金，但对于养育两个孩子的家庭来

说那些补偿金可谓杯水车薪。当年在县城的就业机会少，他做过值夜工作，在热电厂烧锅炉房，也在工地搬过砖，什么辛苦的工作都做过。但他没有因为失业前是领导就心理失衡，一心一意想着赚钱供孩子上学。他告诉孩子："我供你们去读书，是想让你们以后工作多一个选择，而不是像爸爸现在这样下岗后被迫谋生。爸爸想要你们去做自己喜欢的工作，所以，学习这件事需要你们去努力，爸爸和妈妈帮不了你们什么忙。"

这两个孩子将父亲的努力看在眼里，也深刻知道学习的意义，他们想要改变命运，就需要像父亲一样不放弃，努力去做好自己的事。当父亲深夜还在外面赚钱时，他们在书桌前复习功课，做各科的卷子。功夫不负有心人，他们考上了心仪的大学，毕业后都成为工程师。

这就是父亲给予孩子的榜样力量，他通过实际行动影响了孩子对学习的看法，激发他们主动去学习、去努力。

列夫·托尔斯泰还说过："教育孩子的实质就是教育自己，而自我教育则是父母影响孩子最有力的方法。"

希望孩子成为怎样的人，那么身为父母的我们就要先成为那样的人。要培养孩子的自主学习能力，父母就要有自主学习的意识，言传身教，给孩子一个良好的榜样。

想要培养孩子养成自主学习的习惯，这并不是一朝一夕就能完成的，孩子容易受到周围环境的影响，有些习惯和能力也是通过潜移默化培养的，是需要日积月累，一点一滴慢慢形成的。

让孩子掌握学习的主动权，有学习的意识，就需要父母在平常的家庭教育和生活中慢慢渗透，这是一个漫长的过程，千万不要心急，给孩子时间去适应，直到他们主动去学、去做。

坚持和孩子一起培养一种自主学习的习惯，持之以恒，相信孩子一定会成功的。

让孩子成为学习的主人

每一个人都需要对自己的人生负责，孩子也是一样，要从小锻炼他们做自己的主人，自己负责自己需要做的事，父母要从帮助他们做事转变成引导他们做事，将孩子的事交到他们自己手上。

在学会自主学习之前，孩子首先要会自己做事。

现在，有很多父母还处在"包办式"养育和"直升机式"养育的阶段。"包办式"养育顾名思义，是指父母包办了孩子所有的事情，不给孩子任何动手和思考的机会，想孩子所想，做孩子所做。而"直升机式"养育则是父母像直升机一样"盘旋"在孩子上空，无时无刻不"监视"着他们，他们对孩子做事不放心，要时时监工，催促孩子快点。在父母的潜意识里，孩子不会自己做事，还有一种"做不好反而添乱"的感觉，所以他们要一直发挥作用，竭尽全力地帮助孩子。

于是，实施"包办

式"养育和"直升机式"养育的父母便开启任劳任怨模式，将全部的热情投入孩子的生活和学习上。他们认为自己付出了辛苦，孩子理应很感激，学习劲头会更足，效率会更高，可事实却恰恰相反。

"包办式"养育对孩子未来的影响是巨大的，父母做了本该孩子做的事，孩子就失去了成长的机会。真正对孩子成长和发展有益的做法是让孩子成为自己的主人，把自己的生活处理好了，才能更好地处理学习的问题。

让孩子成为学习的主人，父母首先要学会放手，将与学习相关的事情交给孩子，拒绝"直升机式"养育。"直升机式"养育背后都有一个"直升机式"父母，所谓"直升机式"父母就是从孩子出生开始就径直成为他们的终身保姆和人生规划大师，孩子的一切都要监控，孩子的一切都要亲自上阵。

在这种养育方式下长大的孩子绝大多数会出现很多问题，如不会做家务，没有生活常识，离开父母就生活不能自理，出现社交问题，不会与人沟通和交流，甚至会影响未来的生活，成为"妈宝娃"，影响婚姻和工作。

滢滢从小就在妈妈的强势安排下生活和学习，无论她做什么选择、做什么事情，妈妈都会反对，认为她做得不好，有时还会当众指责她做得不对，她甚至没有选择一支写字铅笔的自由，做什么都需要经过妈妈的允许。她感觉自己的自尊心受到伤害，生活很压抑，也不愿意和妈妈说话。渐渐地，她开始不思考，也不主动写作业，甚至不用想接下来需要做什么，因为她知道，妈妈马上就会过来发出指令。

在妈妈的强势控制和管教下，滢滢的学习成绩不升反降，性格也越来越内向，在学校很少与人沟通。更让她感到无助的是，妈妈知道她的表现后还责怪她："我为你付出了这么多，你就拿这点分数回报我？"

在教养孩子的过程中，父母的付出也分为有效付出和无效付出。对于孩子来说，父母对他们的无效付出就像"黑云压城城欲摧"，他们感受到的只有压力和焦虑。而有效付出会让孩子感到如沐春风，生活和学习都有动力。

针对滢滢的学习状况，她的妈妈需要反思自己的教育理念，将学习这件事交给她做主。具体可以参考以下方法：

首先，父母少一些干预，让孩子自己学习。

孩子的事，要孩子做决定。鼓励他们做事遵从自己的内心，选择自己喜欢的方式学习。比如，给予孩子充足的选择自由，让他们自己完成开学前的准备工作。开学前老师都会给家长发一张清单，上面罗列着本学期需要用到的学习用具。将这件事交给孩子完成，家长作为辅助，做最后的验收工作。让孩子独立采购学习用具，可以增强孩子对金钱的认知。做预算、向父母申请资金、采购、讲价，到最后计算花销等环节都可以交给孩子独立完成。再比如，由孩子自己制订学习计划，给孩子选择兴趣爱好的权利，征求他们的意见。

其次，父母少一些催促，让孩子在自己的节奏里学习。

每一个孩子都有自己的学习节奏，父母要适应他们的节奏。有的家长认为孩子写作业磨蹭，跟学习有关的事情做得都慢，吸收知识也慢，这个时候不要催促，也别批评。给孩子一些时间，等一等他们，因为他们正在自己的节奏里紧锣密鼓地前进着。不要着急，给慢半拍的孩子一些时间，等待他们蜕变。

最后，当孩子遇到学习问题时，父母不要直接告诉孩子怎么做，而是和孩子一起分析，讨论解决办法。

举个例子，试想一下，你在给孩子辅导作业，孩子做好后，你需要检查一遍，这个时候已经很晚了，你却发现孩子有几道题做错了，你是直接将错题标出来，告诉孩子正确的答案呢，还是和孩子一起讨论怎么来解答这几道题呢？

这个时候你觉得很难抉择，因为孩子做作业已经很慢了，你和孩子都筋疲力尽，想要快点休息，直接写出正确答案，无疑是最快的。但这样一来，孩子没有理解，下次遇到还是会做错。如果选择继续坚持，和孩子一起讨论怎么解题，找到出题陷阱，再研究正确的解题思路，这势必会花费更多的时间，孩子休息的时间就会不足。

或许我们可以这样做，借此机会让孩子反思是否做作业的时间太长，效率太低，有没有提高写作业效率的方法，鼓励孩子主动去思考。然后将这一次的错题留给孩子自己解决，我们只需要跟进一下，看看他们是怎么做的，再加以引导和建议。总之，能让孩子做的事情，我们不要越俎代庖。

让孩子主动做事和自主学习，我们要做的是给予他们恰当的鼓励，把握时机去引导。告诉他们："去做吧！你可以的！爸爸妈妈相信你。"

热爱学习才能走得更远

不得不说，学习本身是很枯燥的。那些凭借自身学术造诣而站在金字塔顶端的人，光鲜外表下，藏着无数个日日夜夜的辛苦付出。文学工作者要读万卷书，笔耕不辍，呕心沥血；科学家为了一项研究要做无数次的实验，在草稿纸上进行一次次演算。

热爱自己所做的事，那些枯燥又难熬的日子就有了意义，尽管坎坷曲折，也始终充满希望。

英国生物学家达尔文曾经说过："我之所以能在科学上成功，最重要的一点就是对科学的热爱，坚持长期探索。"

学习也是一样，想要取得优异的成绩，就需要孩子对学习有持久的热爱。

思琪是一个很用功学习的孩子，学习的事情从来不用父母操心。她每天会按照自己制订的计划表学习，此外，她还会将当天要完成的事罗列在笔记本上，完成一项便在本上画一个对号。

小学升初中后，她有些不适应初中老师讲课的节奏。为了不影响学习进度，她每天都会抽出时间复习，将老师上课讲的知识重新学习一遍，做课后的练习题。有一天，她在草稿纸上演算数学题，那个类型的题她每次遇到都会做错，尽管她很努力地学，可还是弄不明白解题技巧。在演算到第三遍时，她气得摔了笔，趴在桌子上生闷气。

妈妈闻声赶来，发现女儿情绪不对后，提议和她一起出去走走。

于是，思琪和妈妈一起到附近的公园散步。她对妈妈说了心里话："妈妈，我觉得上初中后压力更大了，很多东西都需要花很长时间去学，有些时候课本写的我弄明白了，但做题时还是不会。"

妈妈笑着说："你遇到的这种情况妈妈从前也遇到过，明明老师讲的我都懂，可一做题就做错。后来我的老师对我说，老师在出题时都会留一个线索，这个线索就是解题的关键，做错题就意味着线索找错了，没关系，换一个角度去思考，再试一次，没准儿就可以柳暗花明了呢！"

思琪皱着眉头说："上小学的时候我还觉得学习挺有意思的，可上初中后，老师总让我们做习题，做完作业还要写好多卷子，我觉得这太枯燥了，我们老师说等我们考上大学就好了，是真的吗？"

妈妈笑着对思琪说："你的苦恼我也曾经历过，学习本身其实是很枯燥的，需要不断地学习新知识，反复地记忆，不断地练习。每天都努力学却看不到明显的进步，可一旦不学了，就会有明显的退步。你对英语和数学感兴趣，可是没完没了的单词和数学题已经渐渐磨灭了当初入门时的兴趣，那要怎么办呢？"

思琪也跟着问："妈妈，那我该怎么办呢？"

妈妈说："我们可以换一个角度去看待学习，人们都说要热爱学习，可又有多少孩子真正喜欢学习呢？妈妈小的时候也不爱学习，如果可以不顾后果，妈妈一定会毫不犹豫地选择出去玩。可什么都不学，长大后我们就没有选择工作的权利，不能做自己喜欢的事，需要被迫谋生，忍受生活中其他的苦。既然学习是必要的，是每一个孩子都要经历的，那么我们试着爱上它，和它友好相处，不是很好吗？"

思琪又问："那怎么才能爱上学习呢？"

妈妈回答说："或许我们可以将学习看成是一种升级打怪的游戏，在游戏里，打到最后关卡都会有终极奖励。你的理想不是成为一名航天员吗？这就是你的学习游戏的终极大奖。在这之前，你需要完成每个阶段的学习任务，学会一点知识就能前进一步，做对一道题也能换取经验值。就这样一步一步积累，让自己爱上学习这款游戏。当你觉得很累的时候，觉得自己坚持不下去的时候，就想想你心中最热爱的事情。"

思琪想了想，再次问道："那妈妈，理想达成之后就不用再继续学习了吗？"

妈妈摇摇头，说："学无止境，在人生的每个阶段，这款学习游戏都会开发出相应的副本，慢慢地你会发现学习会给你带来许多好处，而这些好处会让你感到很快乐。"

思琪点点头，说："妈妈，您说的话我听明白了，不过我需要时间想想。"

妈妈说："慢慢来，不急。记住这一点，妈妈希望你能一直快乐，所以当你不开心时，可以和妈妈说说，咱们一起想办法解决。"

思琪点点头应道："好的，妈妈，我记住了。"

案例中的妈妈很关注孩子学习的状态，发现孩子情绪低落时及时引导她，通过有效沟通来梳理孩子的心情。这位妈妈将学习比作"升级打怪的游戏"，将学习形象化，引导孩子去爱上学习。

求学之路是"路漫漫其修远兮"，而让孩子主动以"吾将上下而求索"之心要求自己，就需要引导孩子爱上学习。那么，如何让孩子热爱学习呢？我总结了几点经验分享给各位家长，仅供大家参考。

首先，热爱学习之前，要引导孩子热爱生活，热爱大自然。

泰戈尔认为，孩子一开始必须通过对生活的热爱来获得知识，随后他们便会脱离生活去求得知识，再往后，他们又会带着成熟的智慧重返自己更为充实的生活。

孩子对知识的渴望源于生活，源于大自然。在生活中遇到感兴趣的事，他们会主动去探索，这种求知欲从小时候就开始出现了。比如，当孩子外出赶上雷雨天气，妈妈告诉他电闪雷鸣是同时发生的，但他分明是先看到闪电，后听到雷声，这个时候他就会好奇为什么。这个为什么就是兴趣的引线，可以将他对雷电的好奇转移到声音和光的传播速度上。

孩子在努力生活的同时会发现各种有趣的东西，他们会发现知识就藏在生活里：生活中的物理和化学知识，和他人交流时会应用到语文和英语知识……设想一下，当孩子听到老人说"下雪不冷，化雪时冷"就会说出凝固放热、融化吸热的物理原理，他们会感到自豪吧。当孩子在国外旅行时可以用流利的外语和外国人交流，让孩子去问路或买东西，他们也会感受到知识的力量。

正如泰戈尔所说，孩子的学习是不断地在生活中感知，他们发现生活中的有趣现象，从而激发探索的欲望，在经过学习后，再回归于生活，他们也在这个过程中爱上学习。

其次，孩子对学习的热爱需要家长悉心地引导，从小培养良好的学习习惯，制订学习目标进行自我激励，家长也要适当地鼓励和表扬，增强孩子的自信心。学习是一项长久的工作，让孩子爱上学习也并非一朝一夕可以完成，需要从各个方面配合，每一个环节都需要把控好。

每一个孩子都有"学心"，它会给孩子带来力量，当他们在求学之路遇到难题时，它会帮助孩子渡过难关。慢慢来，别心急，要保护孩子学习的"学心"。

爱，可以滋养"学心"。

孩子只有对学习发自内心地热爱，他们才会有决心坚持学习，去面对无数个用来做题的漫漫长夜。也只有热爱才会保持孩子自主学习的驱动力，给自己勇气和信念应对失败和挫折。

第 5 章
引导孩子调节学习心理

接受自己的不完美

　　随着孩子课业的增加，课外辅导班骤增，孩子很难有自己的时间和空间，他们虽然是小孩子，却也像成年人一样有各种各样的压力。在这些压力中，有的压力来自父母和老师，有的压力则来源于自己。适当的压力可以转化为学习动力，但压力过大就会影响孩子的心理健康。

　　因此，家长在关注孩子学习的同时也要引导孩子调节学习心理。要知道，学习成绩固然重要，孩子的心理健康更重要。

　　有的孩子拥有完美主义心理，对自己要求严格，凡事追求完美，考试只要考不到 100 分就不算成功。如果你的孩子出现类似的心理，你就需要增加对孩子的关注度了，要恰当地引导孩子走出完美主义的误区。

　　小雯的父母坚持严格教育孩子，并且从很小就给孩子定规矩。他们认为孩子懂规矩，知礼仪，才能成长得很好，长大后也能很快融入社会，适应外界环境的变化，扛得住压力。

　　每次考试前，小雯的父母就会说："只要考试得了 100 分，就会得到爸爸和妈妈的奖励。"小学低年级的题目相对来说简单一些，只要努力就能得100 分。而得了 100 分后，小雯就会很开心，父母也会按照约定给予她奖励，有时是带她去游乐场玩，有时会给她买一个礼物。但她并不是每次考试都能得 100 分，当得不到满分时，她就会很沮丧，眼泪在眼眶里打转。

　　渐渐地，小雯有了满分心理，不管怎样，只要考试没得满分，她就不满意。有一次，她期末考试语文得了 93 分。下课后，老师发现小雯趴在桌子上哭，于是把她单独带到办公室开导。

小雯哭着说："考不到 100 分就不是考好，妈妈会不高兴的。"

老师笑着摸了摸她的头，帮她擦干眼泪，说："怎么会呢？这次考试的题目有些难，你的成绩已经很好了，为什么你会认为妈妈会不高兴呢？"

小雯看着老师说："考满分的话，妈妈会给我买礼物，会对着我笑，不是满分的话，妈妈就不笑了，也没有奖励了。"

老师引导着说："小雯，老师看得出来，你是一个要强的孩子，对自己要求严格。但学习成绩这个问题你要这样想，满分只是众多学习成绩中的一种，是很好，但没有得到满分也不是失败。只要把学的知识吸收了，真正掌握了这个知识点，考试只是一个形式，是检验你知识点掌握程度的方式，很平常，它没有那么重要，你可以试着看淡一些。"

小雯摇摇头，说："考试很重要，妈妈说了，要认真对待每一次考试。"

老师继续引导："妈妈说得也对，每一场考试我们都需要认真对待，要好好复习，好好考试，但也不要过分追求考试结果。比如，这次没考好，是生字认识得不够，那你就可以在这方面多加练习，不得满分，你才能知道自己不足的地方。老师相信你可以做到的，对吗？"

小雯点点头，说："老师，我会把那些不认识的字练会的。争取下次考试得100 分！"

经过和小雯的沟通，老师意识到她拥有完美主义心理，事后及时和小雯的家长沟通，平时也格外关注她的情绪，多引导她走出满分情结。

通过上述的案例我们可以总结出孩子出现完美主义心理的原因有三点。第一点是家长的行为引导，过分追求完美结果，让孩子在潜意识里觉得"只有完美表现，父母才会高兴"；第二点是孩子本身对自己的要求过高，陷入了完美主义的陷阱，产生了错误的意识；第三点是外界环境的影响，错误的"第一"观念给孩子带来了许多压力。

分析出孩子完美主义心理产生的原因后，我们应该如何引导孩子走出完美主义的误区呢？让我们来看看小雯的满分情结是如何解开的。

第一，家长要接受孩子的不完美，给孩子不完美的空间。

小雯的父母在和老师沟通后意识到自己教育孩子的方式出现了问题，他们把孩子引到了一个美丽的误区，令孩子过分追求完美，渴望满分。在意识到这个问题后，小雯的父母开始改变教育方法，不再以100分为学习目标。学习目标的订立要以掌握知识点为出发点，不过分追求结果，要把握学习的过程，只要孩子每天都在进步，哪怕只有一点儿，那就是成功，就是完成了学习目标。没有了父母的压力，小雯的心情也欢快了许多，慢慢地，她对100分的渴望没有从前那样强烈了。

给孩子一些不完美的空间，孩子会获得更多的快乐。

第二，引导孩子的意识，将孩子的注意力从"100分"这个结果转移到掌握知识的过程上。

当父母的关注重点不在100分上，孩子也会逐渐转变思维，从主观上意识到分数只是一个结果，掌握知识更重要。当小雯认识到100分没有想象中那样重要后，她不再给自己过大的压力，没考到100分也不会难过了，反而会认真研究做错的题，梳理知识点，找到自己的不足，有针对性地复习。

第三，完美是不存在的，总要有人是倒数第一。

要引导孩子懂得，在学习中，我们会遇到很多不如意的事情，慢慢地，我们会知道学无止境的内涵。我们以为全都复习过了，做了万全的准备，可是考试当中仍有许多变数，也会碰到不会做的题。我们要把这些难题当作挑战，而不是苛责自己为何不会做，用完美主义去约束自己。

第四，锻炼孩子的逆商心理，接受真实的自己。

案例中，小雯的语文考试成绩与她的预期有差距，她便消沉失落，甚至趴在桌子上痛哭。在生活中，我们也会遇到很多成绩不好便会哭泣的孩子，其实，哭本身是没有问题的，这是很正常的情绪反应，哭可以释放心中郁结的消极情绪。重要的是哭过之后应该如何做。

在孩子遇到难题或遭受挫折时，家长应该有意识地引导孩子走出负面情绪，找到解决问题的方法，尽快走出困境。必要时，要孩子接受自己的缺点，承认自己的不足，告诉孩子："没关系呀，这些都是小事，只要我们努力学习，改正错误就好了。"

对于孩子来说，不完美才是他们身上最宝贵的财富，因为他们有无限的发展潜能，只要家长和老师给予他们适当的引导和鼓励，支持他们做自己，他们就有机会将自己塑造成理想中的样子。

所以，从此刻起，告诉孩子不完美才是真的完美，给孩子一些犯错的机会，给他们留有不完美的空间，只要他们每一天都在努力积累知识和技能，在一点一点进步，这就是成功的，是高效的！

了解"有效失败"的意义

　　失败，这个词似乎看起来很不友好，带有明显的负面色彩，人人对它退避三舍，不喜与之有过多接触。提起失败，那句"失败乃成功之母"便浮上心头，尽管我们可以从失败中吸取经验和教训，积累知识，但真正经历失败时，还是会出现负面情绪，会失落、消沉。

　　那么，为什么我们会如此害怕失败呢？

　　我们从小听到最多的就是如何成功，即失败的反义词。成功就像一块甜美的棉花糖，人人向往，而失败则是苦涩的黄连，让人望而却步。但在学习和生活中，失败是不可避免的，每个人都会经历失败，重要的不是失败这个状态，而是如何面对失败，进而走出失败。

　　心理学家将6—12岁称为"正凝固的水泥期"，这说明，处于这一年龄段的孩子心智和认知还不成熟。如果家长能从小引导他们正确地面对失败，让他们学会在失败中找到解决方法，培养一种积极向上的思维习惯，即"我可以再试一次！"那么任何失败也只是人生长河中的一滴水，孩子自然有办法从容地走出失败的困境。

　　当然，失败也并不是毫无意义的，唯物辩证法教导我们看待事物要分为两个方面，我们要辩证地看待失败。

　　美国心理学家马努·卡普尔将失败分为有效失败和无效失败，相应地，成功也分为有效成功和无效成功。那么什么是有效失败和无效成功呢？下面我们用一个实例来描述一下"有效失败"和"无效成功"，这样会便于各位家长朋友更好理解。

很多家长在面对老师给孩子布置的手工作业时纷纷表示压力很大，他们在潜意识里认为这是老师给家长布置的作业。因为孩子的动手能力差，而家长的时间有限，与其花费数个小时耐心地和孩子一起完成手工作业，不如家长独立完成来得高效。于是，给学生布置的手工作业就变成了家长们在比拼才艺。

小学生的作业中基本上都有需要和父母一起完成的，比如，和父母一起制作手工作品或者写手抄报。这个时候绝大多数家长会认为手工作业是老师专门"为难"家长的，为了节省时间，提高效率，他们亲力亲为，孩子只是充当陪衬，站在一旁看父母完成，或者干脆去写作业或上课外班了。父母大概会想："小孩子会做什么呢？小孩子也做不好，留在这里也是添乱，还不如多做些题呢！"结果，由父母主导制作的手工作品自然美观且精致，当他们看到孩子其他同学的作业时，松了一口气，心里大概在欢喜："还好没让孩子自己动手，不然就被比下去了。"

如果单看手工作业的完成情况，这无疑是成功的，孩子会受到老师的表扬，同学们也会发出赞叹声。这件事的结果看似是成功的，老师会从中挑选出最精美的送去展览，评比得奖，但对孩子来说，他们并没有从这次成功中有所收获，那么这次的成功就是无效的，也是没有意义的。

反之，也有一部分家长认为孩子的手工作业应该以孩子为主导，家长可以在孩子需要时提供帮助。比如，和孩子一起探讨如何完成，鼓励和引导孩子说出自己的建议，当孩子不会画小树苗时，可以先给他做示范，在孩子不会粘物品时，家长可以教他如何使用胶棒。整个作品的设计和完成都以孩子为主，家长为辅。这样不仅可以锻炼孩子的动手能力，还能激发他们的想象力，让他们自由地思考。

最后，当孩子的手工作业拿到学校时，他们会发现自己制作的东西远不及其他同学的完美，可这又有什么关系呢？哪怕排名倒数第一，是全班完成得最不好的，是失败的，但对孩子来说，他们从这次"失败的"手工作业里收获满满，享受到了动手做事的乐趣，那这次失败就是有效的，是值得发扬和推广的。我相信，假以时日，孩子的动手能力一定会提高，制作的手工作品也会越来越好看。

家长在引导孩子学习时，既要关注孩子的心理健康，引导他们积极面对失败和困境，也要让孩子了解有效失败的意义。要引导孩子从失败中收获经验，一点一点进步，不要被失败打倒，同时也要规避无效成功。下面我们来看看奕奕是如何从无效成功走向有效失败的吧！

奕奕9月份升入了六年级，她学习更加用功了，每天晚上都学到很晚。她认为自己如此努力，学习成绩一定会提高。但期末考试中各科成绩却不尽如人意，她伤心地哭了，对妈妈说："妈妈，我这么努力地学习，每天都看书到很晚，为什么还是考不好呢？"

妈妈安慰她说："一次考试的成绩并不能代表全部，你的努力妈妈也看在眼里，但是妈妈发现一个小问题，你能帮妈妈解答吗？"

奕奕点点头，说："什么问题啊，妈妈？"

妈妈拿出昨天晚上奕奕写的习题册，指着其中一页问："为什么每一页都有空着的题目呢？"

奕奕回答道："这些题我不会做，我每天做题的时间很有限，所以我先把会的题做完，而且我都做对了，我觉得这样做题效率很高，我做得也很快。"

妈妈摇摇头，说："女儿啊，你每天都能主动做题，妈妈觉得你做得很棒，但是你只挑会做的题，略过不会做的题，这样的题海战术得不到任何成果啊！你仔细想一想，你这样做的结果就是，会做的题你更熟悉了，而不会做的题你没有研究，到头来还是不会做。虽然你表现得很努力，但这些努力是无效的，做对的题是成功了，但也是无效成功。"

奕奕想了想，疑惑地问："妈妈，如果研究不会做的题，我一晚上都做不出一道题，这样也对吗？"

妈妈解释道："你会做这些题，说明这些题考查的知识点你都掌握了，就不需要反复练习了，做再多也是无效的。反之，那些你不会做的题才能反映出你学习上的不足，不会做，说明它背后隐藏的知识点没有掌握，那你就应该花费时间去研究，把知识点吃透，通过复习、做题和思考来磨合，就算一晚上也没做完一道题，但在解题的过程中你复习了知识点，掌握了你不熟悉的知识，那这就是有效的。"

奕奕点点头，说："妈妈，我明白了，我要多做有效的题，少做无效的题！"

妈妈也点点头，说："对，无效的成功没有意义，我们要从现在开始攻克那些你不会做的题，别怕失败，也别怕做不出。"

奕奕认为妈妈说得很有道理，原来从前她的努力和用功都是无效的，从现在开始，她要拒绝无效成功，多从有效失败里吸取教训。明天，她就要拿着不会做的题去问老师，她一定会把学习成绩提上去的！

由此可见，引导小学生从"无效成功"转换成"有效失败"是很有必要的，要把失败看成是平常事，以平常心对待它。要让孩子看淡失败，我们可以从以下三个方面去做。

（1）循序渐进。意识到"有效失败"的作用是需要时间的，可以让孩子在失败中多待一会儿，让他们适应失败。要引导孩子辩证地看待成功和失败，从中学到知识。

（2）引导孩子看到失败中的"有效性"，发现问题，总结经验，并找出解决方案。比如，考试不及格，要让孩子将关注点从分数上转移到错题本身，将错题归纳总结出来，找出习题考查的知识点、自己做错的原因，以及正确的解题方法。关注分数只会让失败看起来更恐怖一些，而关注失败的原因才能找到走出失败的道路，将做错的题学会，成绩自然会有所提升。

（3）培养一种积极乐观的"失败观"，用解决问题的思维面对失败，要让孩子认为"我可以改正错误"，而不是"我怎么又做错了"！

成年人在面对失败时尚且会失落，更何况是小学生呢？作为家长，我们要时刻关心孩子的心理成长，学习面对失败是需要时间的，一旦孩子掌握了逆向的"有效失败"思维，那么当他们在面对生活和学习中的失败时，就会知道该如何去做了。

学会调整自己的心态

我们在对小学生进行家庭教育时需要关注他们的心理变化，引导他们的心态归于一种平和的状态。在这之前，我们需要足够了解孩子，知道他们这个年龄段孩子的心理特征。那么小学阶段的孩子有什么心理特征呢？

（1）情绪波动大，心态不稳定，会随着情绪的变化而变化。孩子的心情就像天气一样善变，前一秒还开怀大笑，后一秒就有可能悲伤不已。他们的感情很纯粹，不懂得掩饰自己的内心，这个特点的好处就是可以让家长和老师第一时间关注到他们的异常，从而采取有效措施改变他们的心态和心情。

（2）可塑造性强。孩子的"心理防护塔"在不断地建造，家长可以通过高效的方式锻炼他们，让他们保持平和的心态。

（3）对外界事物敏感、好奇，愿意主动接触新鲜事物。

（4）有较强的好胜心，但抗打击能力差，缺少持之以恒的决心。

（5）自尊心强，但自我管理水平低，需要家长细心引导。

在了解小学阶段孩子的心理特征后，我们处理孩子的学习和生活时就会更有针对性，引导他们制订学习计划或学习目标时也能避免触碰到他们身上的"逆鳞"，让孩子在温馨祥和的环境下学习。

也就是说，我们应该根据孩子的心理特征制订不同的方法来调整孩子的心态，要因人而异，将孩子的感受放在第一位。

同事张伟在孩子学习上属于"粗线条"管教，孩子基本处于"放养"状态。他平时工作忙，对女儿的关注少，有时察觉不到女儿学习心态的变化。他的女儿菲菲性格内向，内心敏感，容易受身边人的影响，但她相对来说比较自律，学习上的事情都靠自己，没有让张伟操过心。渐渐地，他对女儿的关注更少了，一门心思扑到了工作上。

等菲菲到了小学五年级，班里其他同学的家长都加大了对孩子的关注度，课后休息时家长积极辅导，而菲菲的学习节奏却没有变化，依旧按照之前的学习方法学习，完全没有小升初的紧迫感。结果，她在五年级上学期的期末考试中考的成绩不理想，她的心态一下就崩了，她对同桌说："我感觉爸爸妈妈一点儿都不关心我的学习，这次考试我考得这么差，老师一定会叫家长的，我该怎么办啊！"

班主任老师了解到了菲菲的情况，她细心地开导她说："菲菲，这次考试的成绩只是代表你这段时间的学习情况，老师一直都很相信你，对你的期待也很高，你学习很自律，完全可以自主学习，也有自己的学习计划，没有必要为了一次考试而闷闷不乐。"

菲菲听了班主任老师安慰的话，心里舒服很多，但还是有点难过，认为父母不在意她的学习，不关心她。

对于菲菲这样能够自主学习的学生来说，家长的确需要"无为而治"，但并不代表可以"不作为"。孩子可以自己学习，但家长也需要给予适度的关心，让敏感的孩子知道父母是关心他们的，是对他们充满希望的。

对于内心敏感、缺乏安全感的孩子，家长需要增加关注度；而对于外向活泼的孩子，关注过多反而会让孩子产生误解。养育孩子，教育子女，无论做什么都需要掌握一个度，坚持适度原则。

孩子学习需要一个良好的心态，这需要家长悉心引导，帮孩子找到适合自己的方式来调整心态。那么，小学生应该如何调整自己的心态呢？

第一，学会将内心的想法说出来，主动和身边的人沟通，寻求帮助，及时疏导郁结心理，保持心态平和。

孩子的自尊心都要强一些，有时会拒绝沟通和交流，将自己的想法隐藏起来。尤其是一些男同学，越长大自尊心越强，为了维护自己的"面子"，他们会给家长带来一种"我不需要任何帮助"的假象，用坚硬的外壳把柔软的内心藏起来。这个时候家长需要引导孩子面对真实的自己，主动说出心中所想，早点解开心结。

第二，将注意力转移到自己感兴趣的地方上，如体育运动，让运动调节心理。

鼓励孩子进行体育运动也是一种很好的教育方式，可以让孩子心情愉悦，锻炼意志力。当孩子学习累时，心里不平静时，不妨放下书走出去，去户外运动，去亲近大自然，将自己的注意力放在感兴趣的地方。兴趣和爱好能把孩子的快乐激发出来，他们可以通过运动放松身心，调整心态。

第三，习惯用乐观的心态面对学习中的困难，不给自己过多的压力。

培养一种乐观性思维，当孩子遇到学习上的难题，心里不舒服，心态崩溃时，告诉自己一切都是可以解决的，不要那么在意现在的状态，不要怕，也别哭。当孩子遇到的问题多了，解决的次数多了，自然会养成一种积极思考的习惯。

第四，学会关心自己，给自己寻找快乐的机会，让向上的精神挤走悲观的心态。

要引导孩子从小关心自己的心理状态，一旦悲观失落时，就需要及时调整，补充"快乐能量"。在这里分享一个小妙招，将自己觉得快乐的事情记录下来，形成一本"快乐秘籍"，当心态不好时，将这本秘籍拿出来，挑选一件能让你立刻开心的事，去做，去快乐，那么一切烦恼都不会存在啦！

小孩子的世界是很美好的，他们很容易获得快乐。也正是因为这个阶段的孩子可塑性强，我们才要加大精力去引导他们学习调整自己的心态。我们不妨等一等，不要以成年人的标准对待他们，告诉他们慢一点儿也没关系，我们等他们成长起来。

避免陷入负面情绪的黑洞

假如用颜色来形容孩子的情绪，那喜悦就是绿色，代表希望；而愤怒、悲伤、恐惧就是黑色，代表无尽的黑暗。

小学生的各方面能力都处于有待提高的阶段，他们在处理负面情绪时没有经验积累，不知道如何管理自己的情绪，很容易陷入负面情绪的黑洞。

在学习的过程中，情绪问题是内耗的根源，处理不好情绪问题，对学习效率很有影响。有些孩子喜怒无常，情绪化严重，像天气一样难以预料，这样会影响他们的身心健康，增加人际交往困难。有些孩子容易难过，经常情绪低落，头上像顶着一片乌云，意志消沉，这势必会影响他们学习的劲头。还有些孩子很焦虑，害怕失败，对考试非常恐惧，害怕自己考不好被老师和家长责罚，结果越害怕，考试成绩就越不理想。

在生活和学习中，家长需要有意识地引导孩子学会情绪管理，控制自己的消极情绪，避免陷入无尽的黑色当中。

负面情绪对我们的影响巨大，情绪化也会引发许多问题，下面就让我们一起走近"野马结局"，看看非洲大草原上的野马是怎样被自己的消极情绪支配的。

一望无际的非洲大草原上，几匹健硕的野马在惬意地吃草，耳边是清风，眼中是美食，真是畅快无比。就在这时，几只吸血蝙蝠从远处结群飞来，它们张开满是獠牙的嘴，对准野马的大腿开咬，想要饱餐一顿。原本恣意欢快的野马怒气上涌，它狂奔、怒号，一心想要将这该死的吸血蝙蝠甩掉。可结果偏不如它所愿，它越生气，越狂奔，吸血蝙蝠咬得越紧。野马最后的结局很惨烈，被活活折磨而死。野马死了，吸血蝙蝠吸饱了血，心满意足地飞走了。

这就是心理学上著名的"野马结局"。动物学家研究表明，吸血蝙蝠的吸血量远不足以导致野马的死亡，野马真正的死因是暴怒和狂奔。由此可见，动辄生气的后果是非常严重的。那么在"野马结局"中，野马愤怒的过程是如何表现的呢？

显而易见，野马是缺乏认知思考的，当愤怒来临，它所做出的反应没有经过大脑，是不健康的愤怒表现，如果它懂得思考，对吸血蝙蝠有一定的认知判断，那么它只需要等一会儿，吸血蝙蝠就会自己飞走。野马的情绪表现是暴怒，行为表现是狂奔，想要通过狂奔运动甩开蝙蝠。它愤怒发泄的对象也错了，让它生气的源头是吸血蝙蝠，而它把怒气全部发泄到了自己的身体上，用暴怒和狂奔的行为伤害自己。

其实，在众多消极情绪中，愤怒是危险系数最高的，生气、愤怒，以致情绪化严重，这对小学生的身心成长是很不利的，愤怒等消极情绪发泄不得当就有可能演变成校园暴力，害人害己。

因此，我们需要让孩子懂得如何化解自己的负面情绪，当愤怒、悲观、消沉、低落等状态出现时应该怎么处理。

下面让我们一起来看看蒋辛是如何教孩子管理负面情绪的。

蒋辛的儿子小雷在学校和同学打架，老师叫来家长解决问题，她到学校后看到儿子很生气，双手紧握成拳，愤怒地盯着面前的同学。

当孩子出现负面情绪时，蒋辛没有迟疑，及时指出儿子存在的情绪问题，告诉他现在事情已经发生了，愤怒是解决不了问题的，要快速冷静下来。她给孩子一个建议："如果你还是很生气，去操场跑一圈，等你跑完回来，我们再解决问题。"

小雷点点头，转身离开办公室去操场跑了一圈，等回来后，他的怒气消了大半，看着妈妈时眼底也有了一丝后悔。

蒋辛对小雷说："妈妈以前教过你，在情绪不稳定时不能处理事情，现在你已经不那么情绪化了，你反思一下，这件事你做得对不对，应该怎么办？"

小雷看了看妈妈，又看了看老师，说："这件事我做得不对，无论我同桌做得对不对，我都不应该打人，我需要道歉。可在我道歉之前，我认为小刚要先跟我道歉，他没有经过我的允许就读我给同学写的信，这件事他做得不对。"

小刚已经被他的爸爸批评过了，他走到小雷面前，向他鞠了一躬，说："对不起，我向你道歉，我不应该读你的信，没有下次了。"

小雷点点头，说："那我也向你道歉，我不该动手打你。"说着，他拍了拍小刚的肩膀，说："咱们和好了，以后还一起玩儿。"

小刚也拍拍小雷的肩膀，说："好。以后还是好兄弟！"

蒋辛引导孩子处理负面情绪的方法很值得推广，效果也很好，孩子们的情绪问题处理好了，学习的热情更高了。以下就是她教孩子处理坏情绪的方法。

第一，承认坏情绪的存在，要学会面对。

坏情绪不会消失，它们不断地被化解，不断地再出现，我们一生都无法彻底摆脱负面情绪。不过只要我们学会处理这些负面情绪，就能够不被它们支配，避免"野马结局"。

当坏情绪出现时，我们要及时发现并积极面对，在情绪化严重时不要做任何决定，要想办法使自己冷静下来，然后再静下心来思考自己为什么变得愤怒或悲观，思考如何缓解现在的状态。愤怒需要消除，需要化解，用科学的方法发泄。而悲观则需要用快乐去替换，做一些自己喜欢的事，等情绪变好了，再去思考如何解决眼前的难题。

第二，坏情绪不要积压，找到适合自己的情绪"发泄"方法。

消极的情绪积压久了，会出现心理问题，会更暴躁或更压抑。所以当我们感到生气、悲观、愤怒、害怕或恐惧时，我们要找方法将坏情绪的能量化解掉。

下面给大家分享几种有效的方法：

（1）倾诉法。找身边亲近的人倾诉，和他们交流自己的难处，经过探讨后找到解决问题的办法。

（2）移情法。走到大自然中去，用自然界的美景舒缓自己的情绪，将注意力放在自然界的美景中去。

（3）运动法。挑选一种自己喜欢的运动方式，可以用跑步消耗多余的坏情绪，用运动找回心底的柔软。此外，还可以和同学打球，一起做游戏，用群体运动缓解心底的坏情绪。

（4）独处法。给自己时间和空间静一静，当安静下来后再去反省，找到解决问题的办法。

第三，学习情绪管理是一个漫长的过程，要有耐心，也要有信心，不断丰富化解坏情绪的经验和方法。

我觉得有必要让孩子知道只要问题不断地出现，情绪就需要反复调整，我们要一直跟负面情绪做抗争。告诉孩子，不要担心，也不要焦虑，每个人都有一些情绪问题，当它影响我们的学习和生活时，正面面对、积极调解就好了。

我一直坚信，孩子有能力管理好自己的情绪，他们可以通过积累足够的经验，运用科学的方法来从容面对那些不断涌出来的坏情绪。

家长要避免坏情绪的可复制性

家长在引导孩子管理自己的负面情绪时，也要注意管理自己的坏情绪，不能将坏情绪带回家，给孩子复制负面情绪的机会。孩子处理负面情绪的方式会受到周围人的影响，他们会模仿和复制。所以，想要解决孩子的负面情绪问题，家长首先要注意处理好自己的坏情绪。

情绪具有可传递性，孩子感受到父母积极向上的情绪，心情自然会好，学习时也心无旁骛；反之，当孩子感受到父母的坏情绪时，他们安全感缺失，心情也会变得不好，影响学习的心态。

在这里，我们要提到心理学中一个著名的效应——踢猫效应，让我们看一看坏情绪是如何传递的吧！

一位当爸爸的公司职员绩效没有达成，他的直属领导很生气，在很多人面前批评了他。他心中愤愤不平，却敢怒不敢言，硬生生将一股坏情绪憋在心里。晚上回到家，爸爸看到儿子很调皮地在室内踢足球，觉得很心烦，勒令孩子停止玩闹，但孩子没有听。于是爸爸将白天在公司积压的坏情绪一股脑儿地倾泻而出，非常生气地骂了孩子。孩子也很气恼，抬脚踢了面前的猫，猫受了惊吓一下扑到爸爸身上，把他的脸挠花了。

踢猫效应告诉我们，负面情绪是可以传递的，家长如果处理不好自己的坏情绪，将它们带回了家，就会影响家人的正常生活，尤其是孩子，情节严重的，会给孩子带来童年阴影。

其实，父母处理情绪问题的方式也会影响孩子。如果家长愤怒和生气时会怒骂，甚至打骂身边的亲人，那么孩子会出现两个极端，一是直接复制粘贴家长的家暴，二是变得沉默寡言、内向敏感。如果家长在面对失败和困难时选择积极面对，不怨天尤人，也不摔打怒骂，那么孩子在面对相似的情绪问题时，下意识地会想爸爸和妈妈是如何处理这个问题的，他们会选择同样的处理方式。

同事肖珉就不太懂得处理自己的坏情绪，经常将在公司的情绪问题带回家，并在不自觉的情况下传递给儿子，而她完全没有意识到自己的消极情绪会影响孩子的学习。

有一次，儿子将写好的语文作文拿给她，并且对她说："妈妈，老师昨天留的语文作文我写好了，明天我要在班级里朗读自己写的作文，我先给您读一遍练习一下好不好？"

肖珉答应了，在儿子朗读完自己的作文后，她简单地点评了一下："读得不错，写得也很好，这次有进步，继续努力啊！"点评完后，她发现儿子欲言又止似乎有话要说，于是问道："怎么了？"

儿子犹豫了一下，对她说："妈妈，你今天是不是不高兴啊？"

肖珉很意外听到儿子这样问，她的确因为处理公司的事情而心情不佳，好像有一股气堵在心底，但她已经极力压制了，没有在孩子面前表现出来。她问："你怎么知道妈妈不高兴呢？"

儿子回答说："妈妈，从你每次点评我作文的时候就能看出来啊。当你

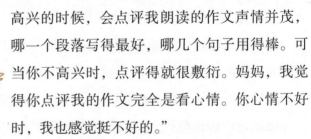

高兴的时候，会点评我朗读的作文声情并茂，哪一个段落写得最好，哪几个句子用得棒。可当你不高兴时，点评得就很敷衍。妈妈，我觉得你点评我的作文完全是看心情。你心情不好时，我也感觉挺不好的。"

肖珉这才意识到自己的坏情绪已经影响到孩子了，并且孩子也感受到了她情绪的波动。于是，她反省了一下自己的行为，蹲下来对他

说："这件事是妈妈做得不好，没有客观地点评你写的作文。以后妈妈一定注意，一定会做个合格的好妈妈。"

儿子摇摇头，说："妈妈，你不要给自己太大的压力了，我可以帮助你的。就像我作文写不好，你对我说，写不好没有关系，我不会一直写不好，只要我每天积累一点儿，那么我就会感觉到自己在一点一点进步。妈妈也可以的，你只要每天努力一点儿，多做开心的事，你也会变开心的。"

那一刻肖珉心头涌起一股暖流，她没想到孩子会说出这番话，她一把抱住儿子，说："妈妈会努力的，妈妈也会向你学习，一点一点地进步，学会管理好自己的情绪。"

其实，家长和孩子的情绪是互相影响的，孩子想要学习如何管理好自己的情绪，除了自身的努力，还需要家长的正面影响。我们需要在生活中以身作则，给孩子一个处理情绪问题的榜样。

可以让孩子看到自己改变的过程，用实际行动告诉孩子，面对坏情绪应该怎么办。

父母不妨承认自己在情绪处理方面的不足，让孩子看到自己处理情绪问题进步的地方。我们也不是无所不能的，当愤怒、生气、嫉妒、悲观等坏情绪来临时，我们也在学习如何处理，不被负面情绪影响，可以让孩子看到自己是如何转变思维处理好坏情绪的。必要时，和孩子一起，让孩子给我们帮助，告诉孩子："爸爸和妈妈需要你的帮助，我现在很不开心，你有什么方法能让我变得开心吗？"

与其在孩子面前塑造一个无所不能的完美父母形象，不如告诉孩子，爸爸和妈妈跟你一样，都在努力进步，还需要学习。

好的家庭教育是和孩子一起成长。管理情绪原本就是一件很难的事，我们和孩子都有进步空间。要慢慢让孩子养成一种习惯：在处理学习问题时，出现负面情绪不要紧，重要的是如何调节它，不要让它影响我们的生活。

克服考前紧张的心理

考前紧张似乎是每一个学生都会面临的问题。其实，适度的紧张感能让自己集中注意力，有时还会让自己超常发挥，取得优异的成绩。当然，也有一些学生考前过度紧张，在考试的重要关头发挥失常，与心仪的学校失之交臂。

"学霸"A现在是北京协和医院的眼科大夫，她小时候就有考前焦虑心理，每次考试必然会跑出去上卫生间。当年在学校里，对面居民楼的邻居都能看到她从教学楼往东边的公厕跑去，过几分钟再飞快地跑回来，几乎每次考试都如此。老师和家长都很担心，认为她这样早晚会影响考试，如果高考也像这样出去解决生理问题，耽误十几分钟的做题时间岂不是不妙？但好在她学习成绩非常稳定，即使考前焦虑严重，高考也是排名第一，顺利考入理想中的大学。

而另外一个"学霸"B却因考前焦虑导致高考分数比平时测验少了50多分。她原本的水平是620多分，结果高考成绩出来只有570多分。她虽难过却也不得不接受现实，但她心怀梦想，在大学期间很自律，主动学习，最后考研时考入了北京某大学。

考前紧张不是一件小事，而是需要家长和学生认真对待且努力克服的"大事"。长远来说，它会影响人生中多个重要考试，如中考、高考，以及进入社会后所面临的大大小小的职场考试。因此，我们须得用心克服，改善对考试的恐惧和焦虑，克服紧张心理。

同事张姐的女儿小菲就有考前焦虑症，每次考试前一天晚上小菲都睡不着觉，经常半夜还在辗转反侧，好不容易睡着了，凌晨三四点又会醒来。到了考场她更是心跳加快，连手指都会发抖。拿到试卷的那一刻，她大脑一片空白，之前背的东西仿佛都忘了，眼睛一时间很难聚焦，看不清试卷上的题。这个时候她很着急，想要快点恢复正常，可越紧张，这种情况就越难以缓解。十几分钟后，她的手终于不抖了，开始做题，可脑海里不自觉地浮现出妈妈的话，如果考不好，就进不了重点中学了。一定要考出好成绩！这个想法越强烈，她的发挥就越不稳定，最后考试成绩还没有平时测验好。

小菲这种情况就是典型的考前焦虑症，在考试前或考试中会表现得焦虑、不安、紧张、烦躁。有考前焦虑症的学生大多有或轻或重的心理问题，他们往往看重考试的结果，对考试成绩有很高的期待，有来自家长或老师的期望压力，也有一部分压力来自自己。那么，这些孩子为什么会出现考前焦虑的症状呢？

（1）孩子的心理承受能力差，心理素质过低。

（2）孩子本身缺乏自信心，就算掌握了要考的知识，也对考试没信心，认为自己会考砸。

（3）来自外界的压力。比如父母的殷切希望，在日常生活中潜移默化地告诉孩子一定要考好，否则未来堪忧，制造焦虑心理。这些压力对考前焦虑的孩子来说不是适度的，而是过剩的，他们很难消化这些压力。

（4）过分看重考试的结果，反而在考试的过程中心态失衡。他们把考试成绩看得比学到知识还重要，他们在乎的只有分数。

当我们知道了绝大多数孩子考前焦虑的原因后，就可以想办法帮助孩子克服焦虑心理了。但每一个孩子的考前焦虑来源是不一样的，在关爱和引导孩子之前，我们首先要找到自己孩子考前焦虑的原因，要有的放矢地想办法帮助孩子克服。下面我们以张姐的孩子小菲为例，看看她的考前考虑心理因何而来，以及如何引导她克服考前焦虑的心理。

焦虑来源第一点：父母的期望值过高，与孩子的实力不符，给孩子造成心理负担，考试压力大。

张姐从小菲小学开始就对她抱有期望，希望她能够考入重点中学，在全区范围内排名前十。可小菲的成绩在班级里只是中上游。每次听到张姐在亲戚或同事面前夸下海口，说她下次测验必定考好时，她就会压力很大，心情沉重，并且一段时间内吃不好，睡不好，学习效率也不高。

解决办法：在引导孩子克服考试焦虑心理之前，父母首先要正确认识孩子的学习水平，实事求是，不给孩子制订过高目标。张姐对自己的行为进行了反省，她不再望女成凤，只告诉孩子发挥出自己真实的水平就好，还加强了母女沟通，让孩子知道自己的初衷是为了她好，希望以后她不要有太大的压力。

焦虑来源第二点：对考试的结果过分执着，认为只有考得好才能得到家长和老师的认可。

张姐很在意考试成绩，认为学会不重要，学会了，考试也不一定会解题。并且时常告诉女儿，只有考试成绩好才会有前途，将来才能过得好。这导致小菲提起考试就紧张不已。

解决办法：父母和孩子应该重新认识考试，将考试看成是很寻常的事，不要过分关注，要将侧重点放在学习知识上，将知识点理解透彻。让孩子知道，人生处处存在考试，无论是学生时代，还是将来进入职场，他们要面临的考试有很多场，而眼前这场考试不过是漫漫人生路上的一个寻常考试，让孩子用平常心对待考试。当孩子没有心理负担了，反而会发挥正常，将自己真正的实力检测出来。

焦虑来源第三点：考前休息不好，过度疲劳，对自己没有自信，认为自己复习不够，会考不好。

小菲缺乏自信，考试前会熬夜复习，虽然已将知识点全部复习了一遍，但她对自己仍没有信心，不认为自己会考好。因此，在考前一周的时间内，她都会精神紧绷，食欲不振，晚上睡不着，白天没有精气神儿。

解决办法： 重视鼓励的作用，给孩子一些积极的心理暗示。给予孩子一定的表扬，让孩子知道自己做得很不错，值得鼓励，要再接再厉。注意关注孩子考前的心理，以及饮食要注意荤素搭配，营养均衡，调整作息时间，保证充足的睡眠。

焦虑来源第四点： 对考场有恐惧心理，身体会不自觉地出现心跳加快、手心出汗、手脚发抖的情况，导致临场发挥失常。

小菲每次走到陌生的考场都会紧张，考场的氛围让她感到不安，老师很严肃，没有学生敢发出声音。此外，当她看到不会做的题就会大脑一片空白，再加上有考试时间的约束，她就更焦虑了。

解决办法： 想办法克服考场紧张的状况。可以提前去考场熟悉环境，坐在座位上感受一下。考试时如果还是紧张，可以试着深呼吸，反复试几次，告诉自己不要紧张，这就是一次考试而已，别怕。用自我安慰的方法给自己一些心理暗示，暗示自己不要紧张。或者闭上双眼想一些能让自己放松的事情，比如从前看过的风景、听过的乐曲等。

考前紧张可以说是一种普遍现象，每一个学生都或多或少有一些考前焦虑感。有考前焦虑症的孩子也不要担心，只要我们通过科学有效的方法去应对，去解决，那么就一定可以让孩子克服考前焦虑心理，在考试中正常发挥。

对于孩子来说，学习是常态化的，考试只是检验他们知识掌握程度的一种方法，要重视它，但不必过分在意和执着考试的结果。尽管中考和高考是孩子人生中重要的机会，但孩子人生中的机会并不限于此。他们从考试中检验所学到的知识，也考验了自己的心态、信心和勇气。

那么，从现在开始，重新认识一下考试吧！让考试发挥它的最大效能！

学习是一个不断积累和进步的漫长过程

跑过马拉松的人或许都有这样的感觉：刚开始感到的累是身体上的，肌肉紧绷，感觉身体达到了极限；接着是精神上感到痛苦，心想怎么还没到终点，还有多久才能到；当适应了当下运动的状态，就可以调节呼吸，稳住节奏，一步一步朝前跑。

马拉松赛跑比的是运动员的耐力，它需要各个方面协调地配合，身体上和精神上都需要强大的力量，即使身边没有了竞争对手，也依然需要自我坚持，跑完全程。

学习，亦是如此。

快点写作业！快点复习！快点背单词！快点，再快点！

在孩子的学习生涯中出现最多的一个字就是"快"，仿佛不被追着赶着再快点，就一切都来不及了。诚然，时间宝贵，需得珍惜，但孩子本身有他们学习的节奏，就像长跑，身边的人贸然叫运动员提速会打乱他们的节奏，反而达不到预期效果。

孩子在周围环境的影响下难免会产生这样一种意识：需要快一点，再快一点，快点提高学习成绩。这无疑在孩子的潜意识里"植入"了"快"的程序，让孩子保持紧迫感。一旦"快"不起来时，孩子就坚持不下去了。

同事孟婕对儿子小豪的教育很用心，她担心自己下班晚，顾不上辅导孩子作业，所以给儿子报名了学校的课后服务。孟婕对小豪说："妈妈听说好好参加课后服务的小朋友分数都提高得很快，你好好学，这学期期末考试的成绩一定会有提高的。妈妈相信你！"

就这样，小豪每天放学后留在学校写作业、复习，学习劲头很足，他觉得这次期末考试肯定没问题，一定会拿高分。可成绩出来后，他的学习成绩却变化不大。

看着自己原地踏步，小豪的心情跌到了谷底，一蹶不振，学习时也有点走神儿。负责课后服务的张老师看出他情绪低落，于是特意找他交流，她问："你以前表现得都不错，今天怎么了？作业都没写几笔，心不在焉的，能跟老师说说吗？"

小豪没有直接回答张老师的问题，反而问她一个问题："张老师，听我妈妈说，在这儿学习的孩子进步都可快了，我还需要多久才能快点进步，得高分啊？"

张老师说："你为什么那么着急呢？学习不是想要快就能快的，知识也是一点点慢慢积累起来的，只有知识储备量多了，解题的经验丰富了，学习成绩才会越来越优异。"

小豪点点头，说："张老师，可我想快一点，我想快点提高学习成绩，有什么办法能让我的成绩一下子就提高很多吗？"

张老师笑着说："机器猫可以做出记忆面包，吃了沾上知识的面包就能过目不忘，你身边如果也有一只机器猫就能将知识吃进肚子里啦！"

小豪终于在张老师开的玩笑中笑了出来，悲观的情绪也消散不少。张老师又对他说："小豪，你在老师这儿的表现真的很好，你的成绩不太理想，主要还是做题不够、不精，只要你坚持练习，成绩一定会提上去的。学习这件事不讲究速度，讲的是质量，是坚持。一直努力学习，可能看不到进步，可一旦偷懒了，退步就很明显了。求学之路是漫长的，你需要不断地积累和沉淀。"

小豪似懂非懂地点了点头，对老师表达了感谢，他说："老师，我会按照您说的用心做题，也会一直坚持学习的。"

事后，在孟婕来接小豪回家时，张老师和她交流了孩子的想法，并且对她说："孩子学习这件事急不得，想要快速提分是不科学的，知识得慢慢积累，当孩子学到一定程度时分数自然就提上来了。我觉得小豪的压力太大了，他逼迫自己快，告诉自己做什么都要快，当达不到预想的结果时他会心理失衡，觉得努力和回报不成正比。我的建议是，咱们当老师和家长的要提醒孩子注意节奏，凡事慢慢来。"

孟婕很感激老师对小豪的开导，她说："张老师，谢谢您，我这些天也发现小豪情绪不太对，不爱说话，也不出去玩了。我知道他是因为期末考试成绩不理想而情绪低落，他可能是受我影响，我一直跟他说参加课后服务分数很快就提上来了，这是不对的，给孩子做了错误的引导。我反思了一下，提高成绩这件事真的急不来，我得好好和小豪聊一聊。"

现在，有很多家长和案例中的孟婕一样，希望孩子可以快点进步，快点提高学习成绩，这无形中给孩子带来许多压力，当努力用功却不见成绩提高时，他们会有挫败感。

或许我们可以告诉孩子，学习之路本就很漫长，我们需要积累许多知识，反复记忆，有时即使很努力却还是会忘记所学的东西，不会做题，成绩提不上来。没关系，知识本就需要反复记忆，以便加深在大脑中的记忆，别心急，只要坚持，一直在学，就必定会达成所愿。

我们读日本作家村上春树的《当我谈跑步时我谈些什么》，这本书告诉我们无论多么微弱的举动，只要日日坚持，久久不弃，那么必定会取得成功。也正如萨默赛特·毛姆写的："任何一把剃刀都自有其哲学。"

要让孩子知道，学习，也需要这种坚持不懈的精神，早晚有一日，孩子们会熬过学习的苦，尝到坚持的甜。

第6章
每一个孩子都是潜在的优等生

积极的心理暗示可以让孩子提升自信心

为了达到某种目的，人们通常会通过语言、动作、表情、行为等向他人传递某种信息，使得接收信息者接受某种观点或建议，从而向某种方向活动。心理暗示就是人受他人或外界传递的意愿、建议、情绪和态度等影响的心理特点。

人的情绪或心态很容易受他人的影响，设想一下，如果有人总是通过语言或神态打击我们，说我们做不好事情、听不懂指令，那么我们大概率会消极悲观，做事没有劲头。

孩子在学习时，通常会接收到两种心理暗示。一种是消极的，老师和家长会不自觉地进行打压教育，认为自己的孩子或学生表现不好，没有努力，认为他们不行，考试考不出好成绩。这种消极的暗示传递到孩子心里，他们就会缺少动力，久而久之，会真的认为自己不行，学习效率越来越低，成绩也一直提不上去。

而另一种心理暗示则是积极向上的，如果传递给孩子的是积极的暗示，孩子会受到鼓励，会在潜意识里认为自己能做到，学习的拼劲儿会更足，最后一般也会达到老师或家长的期望。

因此，想要孩子高效学习，家长和老师一定要用积极的心理暗示鼓励孩子，让他们接收到一种信息："我能做到！"可实际上，很多家长习惯用"打压"来给孩子鼓劲儿，害怕孩子受到鼓励或表扬后会骄傲自满。

同事赵姐从不通过鼓励或表扬来激励孩子。她认为小孩子容易骄傲，一旦被夸赞，他们会认为自己什么都会做，什么都做得很好，就不会继续努力用功了。尤其在学习上，对女儿晓意的要求非常严格，要求她每次考试都要认真对待，取得好成绩。

在小学五年级的期末考试中，晓意从考场上出来就情绪低落，不开心，数学卷子的最后一道大题很难，她虽然做完了，但心里没底，不知道做得对不对。回到家后，赵姐问她考试考得怎么样，她一下子就心慌了，声音中也带了丝哭腔，说："妈妈，我数学的最后一道大题没答好，这次考试一定排名靠后了。"

赵姐让她将那道数学题写出来，她需要看一下。当女儿写完后，她拿起笔在草稿纸上演算，10分钟后，她指着这道题说："这道题应该这样做，你怎么回事？我记得你做过跟这道题类似的题，这次考试只是换了一种形式，你就不会了？你这样还怎么考重点中学！"

晓意听到妈妈的训斥，心里难过极了，眼泪不自觉地流了出来。她哽咽着说："妈妈，对不起，我下次一定考好。"

就这样，一场考试以妈妈对女儿的责骂结束。值得一提的是，晓意最后一道大题虽然结果不对，但是老师给了步骤分。当她拿着卷子给妈妈看时，心里其实是有所期待的，希望妈妈会夸她，可她最后听到妈妈说："下次做题一定要更认真，将题研究透。好了，快点去复习吧。"

事后，晓意曾经对我说："我一直都想让妈妈满意，可无论我怎么做，考试考多少分，她都对我不满意，会以更高的标准要求我。我不知道怎么做才能让她满意。我现在特别没有自信，觉得自己是个笨蛋。"

我们可以从这段话中看出晓意的生活很压抑，她的心理压力很大，妈妈对她的期待就像一块石头压在心头，不断地将压力传输给她，而妈妈吝啬任何鼓励和赞扬，甚至没有只言片语和一个眼神的支持和夸赞。赵姐认为对待孩子的学习问题要足够严苛，孩子现在虽然累一些，苦一点，但将来是会感激她的。可她不知道，一味打击只会让孩子陷入负面情绪的黑洞，出现心理问题。虽然晓意现在的学习成绩很好，在班级名列前茅，但这存在潜

在的危险，一旦孩子压力过大，被"贬低"或责骂过多，压垮心里最后一道防线，她很有可能会出现严重的心理问题，甚至会抑郁，出现应激反应。

家长和老师对孩子的心理暗示有深远的影响，心理学中著名的罗森塔尔效应就验证了这一点。教师对学生的殷切希望能够对学生的成绩产生积极影响，他们通过语言、神态、行为等方式向学生传达一种积极的暗示，让学生可以朝着老师的期望努力，最后达到期望。

现在，让我们一起来看一看，什么是罗森塔尔效应。

1968年，美国心理学家罗森塔尔在奥克学校做了一个实验。当时，他对外宣称要做一个预测未来发展的测验，他在小学1—6年级的学生中随机抽取20%的学生，并将这份随机抽取的名单交给校长，告诉他名单上的学生能力超群，将来会不可限量，发展极好。这份名单并没有避讳各班的老师。8个月后，他又来到这所学校对1—6年级的小学生进行智力测验，结果发现，名单上的学生智商明显提升。原来，这是因为老师对名单上的学生

产生了期望，在上课时会通过语言和神态的鼓励，积极地和他们互动，提问问题，这会给这些同学传达一种积极的心理暗示，他们会认为老师重视自己，自信心会提升，也会更积极地跟着老师学习。而接收到这些孩子积极的反馈，老师会更加卖力地教学，给他们鼓励。这就形成了积极的循环，孩子的表现越来越好，逐渐达到老师的心理预期。

罗森塔尔效应告诉我们教育孩子要懂得期望的力量，通过积极的心理暗示将这种预期传达给孩子，让他们朝着预期的方向努力、变化。

下面我给各位家长推荐几种积极的心理暗示方法。

（1）语言的艺术。

表扬孩子要具体，不可笼统敷衍，可以具体到某件事，细化到自己的感受，务必做到真诚。比如孩子在期末考试考了全班第一，父母这个时候表扬可以具体到孩子平时的表现："你平时学习就很认真，有时复习到很晚，妈妈都好佩服你能够坚持下来，这次考试你取得了好成绩，这是你努力的成果，妈妈为你感到骄傲。"值得注意的是，鼓励和表扬的话不要过多，点到为止，这样孩子会更珍惜。

（2）和缓的态度。

父母对孩子的态度很重要，面对孩子的学业，家长难免会心急、焦虑。在孩子考试考不好或写作业磨蹭时，切忌用强势的方法和严苛的态度应对，"横眉冷对"只会将孩子推得更远。可以通过眼神激励，让孩子感觉到父母没有放弃他们，还对他们充满信心和期待。

（3）行为激励。

好的家庭教育是和孩子一起成长，一起学习，想要孩子成为怎样的人，我们需要首先成为这样的人。用自己的实际行动告诉孩子，爸爸和妈妈也在努力，也在逐渐改变，他们和孩子站在一起。

（4）恰到好处的物质奖励。

如果说鼓励和表扬是对孩子精神上的奖励，那么还需要给予孩子恰到好处的物质奖励。比如，答应孩子各科考试成绩都在90分以上，就全家去海洋馆，或其他家庭条件可以支撑的物质奖励，给孩子一个自我激励。要注意，奖励机制一旦设置，孩子完成了目标，就一定要按照约定履行，切不可食言，伤害孩子的心。

每个孩子的性格不同，家长在对孩子进行心理暗示时也需要有针对性，任何精神和物质鼓励都要遵循适度原则，做到"量体裁衣"，对孩子的激励才会起作用。

拒绝做别人家的孩子

"你们班的王皓这次又是第一，语数外三科几乎满分。听说他每天晚上都学到11点，你也和他学学，别总是想着玩儿，马上就小升初考试了，用用功吧！"

"你表哥考上重点大学了，他从小学开始就知道自己学习，一点都不用家里操心。你再看看你，一学习就犯困，不催你，你能磨蹭到第二天去。这周末去你表哥家聚餐，你抽空跟他聊聊，向他取取经。"

"住在隔壁的源源和你一样上小学六年级，她写的作文都在报纸上发表好多次了，你呢？你写的作文能让老师的血压往上升！"

"你同桌的成绩刚开始和你一样，在班级里处于中游，你看，只是一个学期，她就远超你十几分，现在已经在班级的第一梯队了！同样是学习，你怎么效率那么低。"

"别人家的孩子都做得很好，怎么偏偏你不行？一定是你不用功，学习不够努力，从今天开始，晚上不学到10点不许睡觉！"

相信各位家长都对上述内容不陌生，面对孩子的教育和学习，家长会将"别人家的孩子"挂在嘴边，把自己的孩子跟别人家的孩子做比较，目的是想激励孩子，让他们向好学生学习。

网上流行这样一段话："从小我就有个宿敌叫'别人家的孩子'。这个孩子从来不玩游戏，不聊QQ，不喜欢逛街，天天就知道学习。长得好看，听话又温顺，次次年级第一……"

这个"别人家的孩子"是父母眼中优秀的代名词，泛指比自己厉害的同龄人。这种所谓的"激励"，在孩子眼中却是烦恼。

我的表妹就经常夸奖"别人家的孩子"，拿她的女儿，也就是我的侄女怡怡跟其他孩子比较。久而久之，怡怡变得越来越没自信，总认为自己不如别人优秀，做什么都不行，也做不好。她学习成绩处于班级中游，学习新知识的速度没有特别快。

端午节聚餐时，表妹又在众人面前夸别人家的孩子，她搂着表姐家的儿子开玩笑道："严严这次考试可真厉害，又是第一名，我家怡怡就差太多了，我听你妈妈说你学习都不用看着，自己就能学得很好，快给你妹妹说说是怎么做到的。她太笨了，学东西也慢。"

表妹话音刚起，怡怡的脸就红透了，她坐在角落里低着头，一句话也不说，也不抬头看其他人。

侄女平时喜欢和我聊天，我看她状态不对，便坐到她身边，说："你妈妈的初衷是好的，她说这些话只是为了激励你，让你多一些动力去学习。"

怡怡看着我，眼神里透着伤心，说："可是我很讨厌这样。"说完，她便一个人默默走了出去，表妹在后面喊她，她也没有理会。

后来我和表妹聊天，告诉她怡怡心理压力很大，她现在需要的是鼓励，而不是打压，把她和别人做比较。我对她说："怡怡虽然学习成绩一般，但她这几次考试都有进步，成绩也在逐渐提升。一直否定孩子，看不到她的努力，对于孩子来说太残忍了。她学习的速度是慢，同样的知识，别人听一遍就懂了，她需要听两遍，但她也在努力弥补这方面的不足，肯花更多的时间预习和复习，这都是她的优点。她今天没留只言片语就回家，也是一种反抗，她在用行动告诉我们，她不喜欢被比较，甚至讨厌这样。"

简单的几句话并不能改变表妹心里的想法，她依旧觉得有了比较，孩子才会有动力，会更加努力地学习。

后来，我从舅妈那儿了解到怡怡的现状，她变得更内向了，不愿意和别人交流，走路看到老师或亲戚都会绕一个大圈走，生怕和他们说话。她也越来越没有自信，不敢尝试，也不敢挑战，她觉得自己做不好，也做不到，一定会被比下去。

表妹这时才意识到自己的"比较大法"出了问题，可孩子已经形成了心理阴影，极度缺乏自信，学习成绩也在下滑。想要改变现在的状态，需要很长一段时间。

其实，通过比较激励孩子是可行的，但这个"比较"要高效，且要以孩子认可的方式提出。那么，应该如何"比较"呢？

第一，拒绝做别人家的孩子，让孩子做自己，家长要接受孩子的现状。

同样的孩子用同样的方法学习，总会有学习成绩相对差一些的，家长要做的不是焦虑，也不是急着揠苗助长，一夜之间让孩子变成学习好的孩子。一味地夸赞别人家的孩子，批评自己家孩子不足的地方，会让孩子产生一种错觉：父母不爱自己，喜欢别人家的孩子，希望别人家的孩子是自己的孩子。

其实，为人父母很不容易，他们比较的出发点是美好的，希望自己的孩子也可以学习好，平安健康地长大，将来可以很好地生活。虽然方法是不科学的，会引起孩子的误解，甚至反感。但不可否认，父母是深爱孩子的，会不计回报地为子女计深远。

但孩子不需要做任何人，他们只需要做好自己就可以。家长要转变心态，接受孩子原本的样子，慢一点，学习差一点，没有关系，不要比较，也不要羡慕别人家的孩子，要和孩子说一句："孩子，没关系，慢慢来，爸爸和妈妈会一直支持你。等着你去改变。"

第二，孩子可以与自己做比较，跟过去的自己相比。

孩子做事和学习，其实是没有标准的，如果排名靠前，分数很高就是优秀，那么能做到的孩子凤毛麟角。一个班级里只有前几名算是好学生，是众人口中的好孩子，那其他还在努力的同学呢？他们难道不优秀，不努力吗？有些孩子学习慢，掌握知识的速度也慢，难道他们就没有值得父母骄傲的地方吗？

与其和顶尖的"学霸"比较，不如和自己相比，与过去的自己比较。只要这一次的考试成绩比上一次高，排名在慢慢靠前，那么就要肯定他们的努力，他们就是优秀的，是成功的。

第三，让孩子与自己制订的目标做比较。

鼓励孩子自己制订学习目标，将自己的学习成果和制订的目标相比较。没有达到，就反省目标是否制订得太高，不符合实际，难以达到，还是自己没有努力到位，没有按照学习计划进行。

第四，让孩子跟心中的榜样做比较，心甘情愿弥补自己的不足。

在学习中，"偶像"的力量越大，孩子学习越高效。家长可以换一种方式来讲"别人家的孩子"，让孩子主动说出自己佩服的人，对方身上有什么优点值得他们学习，再问孩子是否想要成为那样的人。让孩子自己找到学习的榜样，并鼓励他们，相信他们可以做到。必要时，家长可以给予帮助，给他们提供良好的学习和模仿的氛围。

我们在对孩子进行家庭教育时很容易进入误区，如果我们在不经意间伤害到孩子的自尊心，或打击了他们的自信心，不要试图遮掩，也不用怕会损害在孩子心目中的权威形象，毕竟我们也是第一次做父母。我们要让孩子知道，父母已经认识到这样做是错误的，希望他们可以原谅。

"别人家的孩子"只是父母心中对自己孩子的美好期望，父母最爱的始终是自己的孩子。这一点，父母明白，也需要让孩子明白。希望所有的孩子都可以学有所得，走更远的路，看更美好的风景。

家长的心态也很重要

心态是指人的心理状态。个体的心理状态一般是趋于稳定的，同时又有流动性，会受外界环境和心理压力的影响。不管是学习还是工作，都需要培养一种乐观向上的心态，要有"不以物喜，不以己悲"的平和，也要有"天生我材必有用，千金散尽还复来"的豁达。

学习不仅考验孩子的心态，对家长心态的考验也尤为明显。很多时候，孩子考试结果出来后，他们认为分数还行，比上次测验多得了几分，是个进步。可回到家后父母看到了成绩单，心态顿时崩了，他们开始焦虑、暴躁、唠叨、比较，做一些令自己和孩子都感到不愉快的事。

美国著名社会心理学家亚伯拉罕·马斯洛（Abraham H.Maslow）曾经说过："心态若改变，态度跟着改变；态度改变，习惯跟着改变；习惯改变，性格跟着改变；性格改变，人生就跟着改变。"

可以说，心态决定一个人的态度、习惯、性格，甚至人生。乐观豁达的心态要从小培养，父母的家庭教育至关重要，想要培养孩子的好心态，家长首先要学会乐观和豁达。

好友张璐就是一个心态极好的人，她遇事从不慌乱，理性思维占据主导思想，遇到问题只想解决方案，不会让感性思维影响判断。她曾在儿子5岁时带他去旅行，在当地海洋馆，由于老人的疏忽，再加上人多，等她买完饮料回来，发现孩子不见了。老人急得哭了，海洋馆的工作人员也发出紧急寻人启事。

一个小时后，孩子还是没被找到，张璐回到孩子走丢的海豚湾恋人的表演场馆，询问守在外面的工作人员，是否可以让她去里面看看孩子在不在。这个工作人员是个小姑娘，当天接待的游客很多，她有些疲倦，但还是友好地对张璐说："游客，您的孩子不会在里面的，上一场演出结束后，我们查看过，不会有人留在里面的。"

张璐无奈，又去了几个地方寻找，但依旧没有结果。就在她查完监控准备报警时，那个负责海洋馆的小姑娘跑到她面前，惊慌失措地说："我在场馆一个角落的座位上找到了您的孩子，他坐在地上靠着座位睡着了，当时光线又暗，我没有看到。真的对不起，是我的疏忽。"说着说着，她就哭了起来。

众人都以为这件事不能善了，谁知张璐将儿子抱过来，放到地上，看着他说："宝贝，你已经是大孩子了，是个小男子汉了，做任何事情都要考虑到后果。你这次偷偷跑回场馆里看海豚，就是不负责任的。让妈妈、姥姥，还有那么多工作人员替你担心，是不是不应该啊，你看，那个阿姨为了找到你，着急得都哭了，胳膊也跌伤了，妈妈觉得你应该负起责任来！你去抱抱阿姨，亲一下她的胳膊，再告诉她，别怕，你已经安全了，好不好？"

这个 5 岁的孩子点点头，跑到那个小姑娘的面前，那个小姑娘已经蹲在地上，眼眶红红地看着他。他对她笑了笑，说："阿姨，我已经安全了，别怕。"说完，他伸出胳膊抱住了她。

张璐对场馆的负责人说："这件事我们做家长的要负主要责任，是我们没有在公共场所看顾好自己的孩子，也给你们添了麻烦。我儿子已经找到，也没受伤，这已经很好了，也不要追究谁的责任了。"

这件事张璐处理得非常好，她没有抱怨，也没有焦躁，通过这样的处理方式更让自己的孩子懂得谅解，体谅他人生活的不易，言传身教地告诉孩子要有豁达的心态。

此外，面对孩子的学习，张璐的心态也很好。她从不会因孩子写作业慢去催促，而是找机会告诉他时间的宝贵，写作业也需要规划好时间，做好时间管理。她也不会因为孩子做错题批评他，而是和他一起复习课本，找到解题思路。孩子考试成绩不高，她不会马上批评，而是鼓励孩子自己说出自己的不足，应该怎么做才能提高成绩，再引导他高效学习。

教育学家杨咏梅认为："父母的心态决定孩子的状态。父母开始转念，孩子就开始转念。"父母的心态对孩子的影响是很直观的，孩子能感受到，并且会潜意识地模仿和复制。正如案例中的张璐，她心态平和，孩子也会以平常心对待学习，没有过多的压力，反而会"无心插柳柳成荫"，取得超出预期的成绩。

我们想要扮演好父母的角色，搞好对孩子的教育，就需要摆正自己的心态，以一个良好的心态面对孩子学习上的问题。

第一，不拿孩子攀比，也不拿孩子来满足自己的梦想。

孩子学习的问题不要攀比，要实事求是接受孩子原本的样子，不和别人家的孩子做比较，更不要为了满足自己的虚荣心而去炫耀。有些家长年轻时高考没考上心仪的大学，于是将自己的梦想转嫁到孩子身上，逼迫他们去学习。学习，是孩子自己的事，学习目标也应该由他们自由制订，不要让孩子为父母圆梦。

第二，不追求"完美"孩子，不对孩子实施"揠苗助长"的教育方法，学习成绩要慢慢提升，要给孩子一些时间。

慢一点没有关系，盲目地追求快，反而欲速则不达，学习要遵循孩子的天性，尊重他们的速度，切不可揠苗助长。

第三，不做"独裁式"父母，给孩子空间去独立。

孩子的成长需要独立的空间，学习也需要自主推进，要给孩子一些选择权，不要用父母的权威去指导和说教。学习不是父母给孩子下指令，而是孩子自己做计划，去实施。放手让孩子去做，给他们充分的自由，孩子的学习才更有动力。

第四，不焦虑、不暴躁、不抱怨、不指责，以平和的心态面对孩子犯的错误，接受他们，和他们一起找到办法改正错误，提高学习成绩。

不要害怕孩子犯错，也不要夸大孩子犯错的影响，犯错是一件很平常的事，要以平常心待之。当孩子犯错后，父母不要情绪失控，指责和批评解决不了任何问题，我们要和孩子心平气和地交流，一起找到犯错误的原因以及如何改正错误。有时，父母要给孩子一些犯错的机会，孩子只有在错误中才能更好地认识到自己的不足，知道怎么去解决。

第五，学会换位思考，站在孩子的角度看问题，和孩子成为朋友。

有时，孩子考虑问题的角度很新奇，我们会误解孩子的行为。比如，孩子在写一篇作文，妈妈给规定了写作时间，但时间快结束了，孩子还是一个字没有写，反而站在窗前往外看。正常情况下，家长都会很生气，认为孩子磨蹭，不好好写作文反而想着去外面玩。但事实不是这样，孩子站在窗前向外看是为了看"秋天"，为了写好作文，他站在窗前观察，想要写出真实的秋天。如果不会换位思考，这次写作业一定会在"鸡飞狗跳"中结束。有时，父母需要站在孩子的角度看问题，试着理解他们，而不是发现问题立即批评。父母心态崩溃，孩子心里也不舒服。

第六，不守旧，教育方式和思想要与时俱进，跟上时代潮流，和孩子一起学习。

对孩子的教育方法要与时俱进，孩子个体的情况不同，教育方法自然也不一样。家长在教育孩子时，也要和孩子一样继续学习。思想可以前卫一些，尝试一下创新性的学习方法，比如，用思维导图去增强记忆力。

学习这场"持久战"拼的不仅是孩子的耐力和毅力，对家长的心态也有考验。与其日夜焦虑担心孩子学习不好，不如端正心态，用乐观的心态看待孩子分数的波动。

成为更优秀的自己就是优等生

每一个孩子都有成为"学霸"的潜能，但并不是每个孩子都可以成为顶尖的学习高手。绝大多数孩子是普通的孩子，尽管他们使用了高效的学习方法，但还是与"学霸"有差距。

很多家长四处奔走交流，想要获得优秀孩子的学习方法，如果是考上清华北大的学生用过的学习方法就更好了。在他们的潜意识中，"学霸"的学习方法就是"武功秘籍"，得到就能让自己的孩子成为"武林盟主"。

事实上，学习就像逆水行舟，不进则退，需要持续努力，"学霸"的学习方法只是适用于他们每一个个体，而个体学习方法中的侧重点又有所不同。

举个例子来说明一下，"学霸"A的学习秘籍是上课认真听讲，务必利用好课堂上的45分钟。而"学霸"B则将学习重心放在课后做题上，不会做题，上课再认真听讲也无用，要学会学以致用，举一反三。而"学霸"C则认为想要学习好，必须用对功，努力到位，而不是感动自己的努力，靠学习到12点来证明自己很努力。

这三位"学霸"的学习侧重点各有不同，但对他们各自有积极作用。通过这样的学习方法，他们也都取得了优异的成绩。我们在借鉴"学霸"们的学习方法时也要注意侧重点，要有所取舍，根据孩子的学习习惯选择最适合他们的学习方法，并保留适合他们的那部分。

在借鉴了"学霸"的学习方法后，家长也应该让孩子知道，并不是只有成为"学霸"或成为班级第一才是优秀的。我们都应该放平心态，只要孩子有进步，那就是优秀的学生，值得骄傲。

张晶和老公都是 985 名校硕士毕业生，在孩子张晓上小学前，他们对教育孩子的事跃跃欲试，胸中翻涌着豪情壮志，认为"'学霸'的孩子一定不能差了"。这种想法只延续到小学四年级，现在对这两位"学霸"来说，孩子的学习问题是他们头痛的诱因。

他们悉心总结的"高效学习方法"在孩子眼中就是天书，不仅效果不好，还令孩子产生了抵触心理，他会故意将父母整理的笔记本撕掉扔垃圾桶里，当被问起时就说不小心在学校弄丢了。

辅导作业更堪比"大型战斗现场"，张晶的丈夫周末给孩子辅导时差点被气得心梗住院，孩子吓坏了，哭着说："你们还是找个聪明的孩子当儿子吧，我太笨了。"原来，这位"学霸"父亲曾经在朋友面前开玩笑说，他们夫妻两个智商都很高，孩子可能是在医院抱错了，学习一点都不随他们。说者无心，听者有意，孩子在不经意间听到了，再联想到平时爸爸给他辅导作业时痛心疾首的样子，自卑心理油然而生。

孩子的班主任曾经跟张晶说："有时父母的'学霸'光环对于孩子来说不是动力，而是压力。他越学不会就越会自我否定，会自卑地认为自己的智商不够，永远达不到父母的要求。张晓其实挺优秀的，是不是你们对他的要求和期望过高了呢？"

接着，张晶和老师就孩子学习的问题进行了沟通，并且将沟通的结果分享给孩子的父亲："我和老师总结了几点张晓对学习有抵触心理的原因。首先，咱们的'学霸'教育方法给孩子带来了压力，这个方法是对咱俩有用，但对孩子来说不适合，他不适应这样高强度的学习。其次，咱们对孩子的期望太高，目标太大，孩子怎么努力也够不着，索性不学了。最后，孩子的心态出了问题，他缺乏自信，尤其是在咱们面前，他觉得跟父母比起来，自己太笨了，他心急，想要快点学，可心里越着急就越学不好。"

张晶的丈夫也反思了自己辅导作业的方式，觉得自己有需要改进的地方。在分析出孩子不爱学习的原因后，他们想到几点解决的办法。

第一，调整"学霸"养成计划，不再以"学霸"的标准要求孩子，也不以分数衡量孩子的学习成果。他们根据孩子自己的学习习惯向他推荐了几种高效学习的方法，让孩子选择适合自己的。

第二，作为家长要首先改变思想观念，不要再纠结"'学霸'的孩子必须是'学霸'"，要以平常心对待自己的孩子。

第三，不要单纯地以学习好坏来评判孩子是否优秀，优等生没有固定的养成模式，更没有判断标准。要看一个孩子是否是优等生，得从多方面来看，看他是否努力认真地学习，看他是否比从前进步了，看他遇到难题时的态度，看他处理坏情绪的方法，诸多方面。只要孩子还在进步，还在努力，还在刻苦地学习，那么他就是一个优等生。

第四，多和孩子进行有效沟通，让孩子明白，无论学习好坏，父母都是爱他的。张晶和丈夫对自己的教育方式进行反思后，就和孩子进行了一场深度交流，他们鼓励孩子说出心中的想法，又互相做了评价，并说出自己希望对方改进的地方。经过这次沟通，孩子的心态明显有了变化，对和父亲一起学习没有那么抵触了。

其实，对于家长来说，孩子是心中最美好的存在。父母希望孩子拥有更好的未来，有更高的成就，势必会对孩子要求严格，期望孩子变成"学霸"。事实上，绝大部分孩子以后会泯然于众，成为人群中普通的一员。然而，即使是普通人，也可以在自己的天地里闪闪发光。他们坚韧，可以像小草一样生机勃勃；他们勇敢，能够像勇士一样直面挫折；他们乐观，就像一株永远朝着太阳的向日葵。这样的他们就是父母心中的优等生，永远释放着光芒。

高效能学习，发掘自己的潜力

潜力就是指潜在能力，潜在能力可以通过外在的环境和教育来发挥作用。这种潜在的可能性也可以发展成为现实，就看我们如何去做。

在教育孩子时，老师和家长都应该发挥最大的作用去发掘他们的潜力。苏联心理学家维果茨基是儿童心理和儿童教育方面的集大成者，这位"心理学中的莫扎特"曾经提出过"最近发展区"理论。他认为学生的发展有两种水平，一种是现有的发展水平，就是指学生凭借现在掌握的知识能够独立解决问题的水平；另一种是学生可能发展的水平，是指学生通过教学而获得的潜力。这两种水平就差在"最近发展区"中。在教学时要针对学生的"最近发展区"来教学，教他们难一些的题目，让他们勤加练习，鼓励他们，调动他们的积极性，发挥其潜在能力。这样就能实现跨越最近发展区进入下一个阶段的发展区，以此类推，一级级超越自己，达到更高阶段的发展区。

学生的潜力是无限的，需要我们逐级开发，有计划地帮助他们开发最大的能力。我们或许在中考或高考中遇到过"考试黑马"，所谓考试黑马就是指在学校平时的表现平平，不显山不露水，最后在重要考试中脱颖而出，取得超水平的成绩，教师一般称这样的现象是超常发挥。在我看来，超常发挥就是学生潜在的能力得到了发挥，将可能性变成了现实。

或许有些人会说超常发挥的学生是运气好，是偶然现象，但我认为，这种偶然现象也存在必要条件。让我们来看看，这些超常发挥的孩子是怎么做到的呢？

（1）**学习有计划性**。他们平时表现平平，在学习时却非常认真，将学习时间高效地利用。课堂表现不积极，实际已经掌握了课堂所学，只是不外露罢了。

（2）**考试表现出色，心态极好**。放松的心态能更好地发挥自己的水平，他们考试很放松，没有紧张心理，不患得患失，只将精力放在试题上。

（3）**扎实的基础必不可少**。有人说考试黑马的运气好，恰好考的内容是他们会的。这的确存在概率性，但总的来说这个学生必须有扎实的基础，知识掌握得熟练，自己会做的题才多。

（4）**适合自己的学习方法**。他们学习效率很高，用适合自己的学习方法学习，有主见，可以自主学习。

任何一个学习好的孩子，他的成功都不是偶然的，都需要付出很多努力。而孩子的潜力是必然存在的，就看我们如何去开发，激发孩子最大的潜在能力。

美国实用主义哲学家和教育家杜威指出："为使幼儿更好地生长，关键是提供适当的环境以及适当的新刺激，从而使儿童的潜能得以发展。"他认为，幼儿的发展需要环境这个媒介，要给幼儿准备一个适宜发展的环境，发挥出他们的潜在能力，教育的新纪元才能被开创。

我曾经看过美国一个关于激发孩子潜能的故事，在这个故事里，妈妈的教育和引导对孩子潜力的开发起着至关重要的地方，这位妈妈给孩子提供了快乐的成长环境，给她插上了向外飞翔的翅膀。

这个孩子叫凯瑟琳，在5岁时，她在电视上看关于非洲的纪录片，纪录片中讲了一件事，说在非洲每30秒就会死掉一个小朋友。于是凯瑟琳开始在沙发上数数，从1开始数，当数到30的时候，她的情绪发生了变化，她开始难过，浑身发抖。

妈妈发现了她的异常，便走过来问为什么。她看着妈妈说："哦，非洲死了一个小朋友。"

这个时候就能看出家长对孩子教育的智慧了。有的妈妈或许会说："小孩子说什么死不死的，多不吉利，快别想了，赶紧去做作业吧！"有的妈妈还有可能会说："你这个孩子整天都在想什么，再胡思乱想，看我不揍你！"而凯瑟琳的妈妈则不同，她没有不耐烦，也没有暴躁，她对孩子说："那我们一起去查查为什么非洲每 30 秒会死掉一个小朋友。"

于是母女两人在电脑上搜索，查到非洲的小朋友死亡是疟疾造成的。那么非洲为什么会出现疟疾呢？她们查到非洲的疟疾是通过蚊子传播的。那么蚊帐可以防止蚊子叮咬，非洲为什么没有蚊帐呢？答案是非洲人很穷，没有钱买蚊帐。

凯瑟琳若有所思。第二天，她拿着点心费去幼儿园，但幼儿园的老师打电话告诉凯瑟琳的妈妈，说她没有交点心费。当妈妈问到凯瑟琳的时候，她回答说："妈妈，我以后不吃点心了，我要用省下的钱买蚊帐，送给非洲的小朋友。"

她的妈妈没有批评她私自挪用点心费，而是带着她去买了一顶蚊帐。这顶蚊帐需要送到非洲去，于是她们在网上搜索，发现有一个叫作"只要蚊帐基金会"的机构，于是她们把蚊帐送去这个机构，让他们送去非洲。

"只要蚊帐基金会"送给凯瑟琳一个感谢卡，并告诉她，她是最小的捐赠者，如果捐 10 顶蚊帐，就可以获得一张奖状。

她想获得这张奖状，便将自己的旧物拿出来卖。但是那些旧娃娃、旧书和旧玩具卖不出去，于是她自己画了一张奖状。画完之后她就想，如果她有了一张奖状，那么其他人也应该有一张。她画了 10 张奖状，并把自己画的奖状拿到社区去卖，大家看到她画的奖状很可爱，纷纷买了，并且鼓励她去募捐。可是这些募捐的钱杯水车薪，远远不够购买足够多的蚊帐。

这个时候该怎么办呢？

凯瑟琳竟然给比尔·盖茨写了一封信，她在信上写着："亲爱的比尔·盖茨先生，非洲的孩子如果没有蚊帐就会死掉，但是他们没有钱买蚊帐，听说钱都在你那里……"随着信邮寄出去的还有一张她画的奖状。

比尔·盖茨收到信和奖状后，拿出 300 万美元来支持这个活动，给非洲捐赠蚊帐。所以仅仅 5 岁的凯瑟琳相当于救了超过 100 万个非洲小朋友。现在，非洲有个村叫"凯瑟琳蚊帐村"，因为里面的蚊帐都用了她的名字命名。

这个故事很令人感动，一个 5 岁的小女孩拯救了非洲很多的小朋友。她的潜力得到开发离不开妈妈的教导和老师的鼓励。在遇到不明白的问题时，她会主动提问，而面对孩子看似荒唐的提问，妈妈给予了高度的重视，和孩子一起查阅资料，鼓励孩子想办法。老师也鼓励她，让她勇敢地朝前走。可以说，凯瑟琳周围的环境和教育激发了她的潜力，使得她实现了自己的梦想。

父母的家教和老师的引导对于孩子来说是最大的帮助，他们为孩子插上了敢于面对生活和学习挑战的翅膀，虽是燕雀非鸿鹄，却也敢向云而冲。

孩子在学习任何方面的知识时都有自己的"最近发展区"，这些区域蕴藏着无限的潜能。教育和引导孩子时就需要针对这个"最近发展区"进行"拔高"训练。让他们独立面对较难的题目，通过思考和行动尝试解答问题，在孩子需要帮助时点拨他们，告诉他们如何高效地找到解题的小线头。久而久之，他们就能攻破这一"最近发展区"中的难题，进入下一个阶段。如此层层递进，孩子的潜力也被逐级激发，收获满满。

路漫漫其修远兮，吾将上下而求索。学习之路要靠孩子自己走。现在，就试着让孩子找到适合自己的学习方法吧，让他们高效地学习，发掘自己的潜力，遇到更优秀的自己。

和孩子一起学习
和成长

女儿雨桐出生后，我一度陷入焦虑的黑洞中。有时会梦到抱她时手臂脱力，切实地感觉到她从我怀中摔到地上，发出"咚"的一声；也一度担忧她半夜会着凉，于是每天半夜 3 点自动醒来给她盖被；我的母乳不够吃，她又不喝奶粉时，我会焦虑得睡不着；她不刷牙，我也找不到好办法让她刷牙时，我也会心情不好……虽然后来这些事情都一一有了解决的办法，但养育孩子的过程中总是会有新的问题出来，让我焦虑不已。

有一次周末，我在家赶稿，写作过程非常不顺利，整整 5 个小时才写完 1000 字。马上到截稿日，我的心态有些崩，情绪也不稳定。这个时候，雨桐刚好午睡醒来，她走到客厅，看到我后非常开心，迈着小短腿朝我跑来，然后在我面前停下了，胖胖的脸上露出笑容来，眉眼弯弯，超级可爱，她看着我说："妈妈在工作，妈妈好棒！抱抱妈妈！"然后扑到我怀里，亲了我一口。

那一瞬间，一切烦恼都不存在了，压力也在孩子的笑容中消失殆尽。

从事家庭教育研究的这几年，我一直在思考几个问题：我真的可以教育好自己的孩子吗？我是否是一个合格的母亲？究竟什么才是好的家庭教育？

那一天的"赶稿事件"终于让我懂得，好的家庭教育就是和孩子一起学习和成长。

相较于孩子，我们的确年长许多岁，多经历了几十载的风风雨雨。但对于养育孩子而言，我们和孩子一样，是新手上路。我们也是第一次当爸爸妈妈，没有经验，一切在摸索中慢慢懂得如何养育孩子。养育孩子的过程就像升级打怪，按了开始键就不能重来，需要硬着头皮一步步走下去。我们不完美，甚至有很多缺点，在家庭教育的过程中难免会犯错，但是，我们有信心，也在坚持学习，学习如何更好地教育孩子，与孩子友好、和谐地相处。

我们在引导孩子高效学习的同时，自己也要坚持学习。想要孩子成为怎样的人，那么我们要先成为那样的人。想要孩子高效学习，我们先要高效做事；想要孩子成长为一个积极向上的人，我们就先保持乐观，充满正能量。竭尽所能，给孩子做个触手可及的榜样，和孩子一起学习和成长。同时，我们也要向他们学习，学习优秀的地方。正如著名哲学家雅斯贝尔斯在他的《什么是教育》中写的那样："教育的本质意味着一棵树摇动一棵树，一朵云推动一朵云，一个灵魂唤醒一个灵魂。"

此刻，前文中那个问题仿佛已经有了答案。我可以成为一个合格的妈妈，因为我不断地反省自己对孩子的教育，更新养育孩子的经验，虽然还有做得不好，甚至做得不对的地方，但我在改进，在进步，在反省，在坚持，在思考如何能够更好地教育和引导孩子。

在孩子面前，我不是无所不能的完美妈妈，但我有信心可以学到更多关于家庭教育的技巧和方法，积极面对自己的问题，找到改正错误的方法，和孩子一起慢慢成长，找到属于自己的坚持和动力。

孩子，要相信，熬过了学习的苦，才能尝到坚持的甜。

这一本书送给我的女儿雨桐，希望她可以平安快乐地成长。

李小妃

2022 年 8 月 15 日